AF362739

PARALLÈLE HISTORIQUE

DES

PRINCIPALES BATAILLES

DE

TERRE ET DE MER,

PAR

Le Comte BOUËT-WILLAUMEZ,

CAPITAINE DE VAISSEAU.

« Nous avons cherché à mettre les fastes militaires
« et maritimes de la France à la portée de toutes les
« intelligences. »

(*Page 9.*)

PARIS,

LIBRAIRIE MILITAIRE DE J. DUMAINE,

Ancienne maison Anselin,

RUE ET PASSAGE DAUPHINE, 30.

1853.

PARALLÈLE HISTORIQUE

DES

PRINCIPALES BATAILLES

DE TERRE ET DE MER.

PARIS. — IMPRIMERIE DE COSSE ET J. DUMAINE,
rue Christine, 2.

PARALLÈLE HISTORIQUE

DES

PRINCIPALES BATAILLES

DE

TERRE ET DE MER,

PAR

Le Comte BOUËT-WILLAUMEZ,

CAPITAINE DE VAISSEAU.

« Nous avons cherché à mettre les fastes militaires
« et maritimes de la France à la portée de toutes les
« intelligences. »

(Page 9.)

PARIS,

LIBRAIRIE MILITAIRE DE J. DUMAINE,

Ancienne maison Anselin,

RUE ET PASSAGE DAUPHINE, 30.

1853.

Dédié

Aux Armées de Terre et de Mer.

« L'Union fait la Force. »

INTRODUCTION.

Le titre seul de l'œuvre que nous entreprenons suffirait pour
lui imprimer un certain cachet d'originalité présomptueuse si nous
laissions nos Lecteurs en dehors du cercle de faits et d'idées qui
lui ont donné naissance; quelle analogie, en effet, entre des régi-
ments et des vaisseaux, entre des armées et des flottes? Autant
vaudrait comparer l'eau à la terre. Puis, de quel droit, un marin
qui a passé vingt années de sa vie sur des planches analyserait-il le
récit des batailles livrées sur terre? Qu'il reste sur l'élément devenu sa seconde patrie, et laisse à nos généraux le soin de nous
expliquer le mécanisme de nos batailles ! — Ces objections, nous nous
les sommes faites à nous-même maintes fois, avant de prendre la
plume; mais on nous excusera d'avoir passé outre, en apprenant
que la pensée de nous livrer à des recherches historiques et parallèles sur les tactiques des armées et des flottes nous est venue, il
y a plus de vingt ans, lorsque nous prenions part, comme enseigne
de vaisseau, aux expéditions d'Alger, de Morée, d'Anvers : la con-
nexité des opérations de guerre des deux armées, la confraternité
d'armes qui résultait naturellement de ces opérations et de dangers
surmontés en commun, frappèrent, dès lors, vivement notre attention. Plus tard, lorsque la navigation mécanique, inaugurée par la
découverte d'un nouveau moteur, la vapeur d'eau, sembla vouloir

détrôner la navigation à voiles, comme celle-ci avait détrôné jadis la marine des galères, il nous sembla que la tactique de nos nouvelles machines de guerre flottantes ne pouvait que tendre à se rapprocher davantage de la précision des mouvements d'une armée : car, soustraits désormais à l'action variable du vent, nos nouveaux vaisseaux à vapeur n'allaient-ils pas se plier désormais, plus complétement que les anciens vaisseaux à voiles, aux volontés, aux exigences de nos capitaines et de nos amiraux ; n'allaient-ils pas devenir des instruments passifs et obéissants de leur pensée, de leurs combinaisons de combats sur un théâtre où parfois le caprice du vent avait fait défaut à ces combinaisons ? Cette analogie, du reste, n'était-elle pas plutôt renaissante que nouvelle ? Ne s'était-elle pas présentée jadis, lorsque ces rapides galères que l'on dirigeait à volonté sur les flots, grâce à leurs moteurs animés, s'attaquaient, s'abordaient à force de rames, et, après une sanglante mêlée, couvraient la mer de leurs débris ; à quel degré d'ailleurs cette analogie avait-elle existé, et semblait-elle devoir renaître ?

Telles étaient les questions qui avaient déjà rempli bien des moments de nos longs quarts de nuit, à bord, lorsque les fonctions de gouverneur du Sénégal et des établissements français des côtes occidentales d'Afrique nous obligèrent à mettre pied à terre, momentanément, et même à guerroyer contre des peuplades insoumises, après avoir été puiser en Algérie, à l'école du maréchal Bugeaud, qui nous honorait de son estime, et les leçons et l'exemple des combats africains : dès ce moment nous pûmes nous rendre un compte plus exact de certaines opérations de guerre, qu'on ne peut comprendre qu'après les avoir pratiquées, et, par suite, comparer avec plus de fruit les progrès presque parallèles que l'enchaînement des siècles avait fait subir aux tactiques des armées et des flottes.

Encouragé par plusieurs officiers des armées de mer et de terre à publier nos réflexions à ce sujet, nous réclamons l'indulgence de tous, notamment des officiers de l'armée de terre ; avons-nous besoin de leur dire d'ailleurs qu'après avoir interrogé les secrets de leur métier, qui n'est pas le nôtre, nous n'avons pas eu le moindrement la prétention de nous poser en tacticien militaire ? que nous n'avons simplement cherché qu'à comprendre leur art pour le comparer au nôtre, et que, dans ce parallèle comme dans l'exposé des diverses batailles de terre et de mer, nous avons eu surtout en vue de mettre les fastes militaires et maritimes de l'histoire à la portée de toutes les intelligences. Peut-être atteindrons-nous ce but, grâce aux instincts essentiellement militaires de notre pays, si nous parvenons à dépouiller nos récits de la technicité des détails.

Puis, l'histoire des batailles de terre et de mer, c'est l'histoire de nos pères, c'est notre propre histoire à tous ; ce sont-elles qui ont successivement développé, agrandi ou maintenu la carte géographique de cette belle contrée unitaire qui s'appelle aujourd'hui la France. Sans doute, la guerre est une extrémité terrible ; mais, qui ne prend part au spectacle émouvant qu'offrent ses péripéties, quand l'honneur ou la défense du pays sont en jeu ? Et c'est alors que le faisceau des règles militaires, cessant d'apparaître comme une routine purement mécanique, acquiert une importance et des proportions d'autant plus grandes que la cause de la guerre est plus grande elle-même.

PARALLÈLE HISTORIQUE

DES

PRINCIPALES BATAILLES

DE TERRE ET DE MER.

I.

Temps anciens.

Peu de personnnes ignorent les significations, très-différentes l'une de l'autre, des deux mots *tactique* et *stratégie*. La *tactique*, suivant *Jomini*, est l'art de bien combiner et de bien conduire des batailles. La *stratégie*, au contraire, est l'art de déterminer les points décisifs du théâtre de la guerre et les lignes ou routes générales suivant lesquelles les armées doivent se mouvoir pour y arriver.

Sur terre, l'une et l'autre se lient indispensablement aux succès des opérations d'une armée; tandis que, sur mer, si la tactique navale doit être subordonnée à des règles précises, d'une exécution parfois très-délicate, on peut dire que le mot de *stratégie* n'a pas de sens bien précis en ce qui concerne les flottes, surtout depuis l'invention de la boussole; le théâtre de leurs combats, à elles, c'est la vaste et uniforme plaine liquide qu'elles rougissent du sang de leurs marins; leurs lignes de marche, c'est la direction que leur indique l'aiguille aimantée pour faire route d'un point à un autre, en traçant leur sillon d'écume sur la mer elle-même, vaste réseau des mille chemins ouverts pour tous les rivages.

Sur terre, les armées rencontrent à chaque instant de nombreux accidents de terrains, montagnes ou forêts, plaines ou rivières, autant de données importantes pour déterminer des combinaisons stratégiques. Pour les flottes, il n'existe, à vrai dire, sur mer, qu'une seule combinaison de ce genre ayant de l'importance, et encore cette importance a-t-elle bien diminué depuis que le rôle de la vapeur a grandi : c'est l'*avantage du vent* (1), avantage que nous verrons les amiraux se disputer avec opiniâtreté dans les batailles du xviiie siècle particulièrement.

On comprend que les combinaisons de tactique d'un bon général de terre ou de mer doivent tendre surtout à opérer, avec des forces supérieures, un effort combiné sur un point décisif : ce principe proscrit tout d'abord l'*ordre de bataille parallèle*, c'est-à-dire celui qu'adopteraient deux armées de terre ou de mer qui se battraient sur deux lignes parallèles, bataillon contre bataillon, ou vaisseau contre vaisseau, sans avoir recours à d'autre combinaison de tactique ; cet ordre est l'enfance de l'art, ou plutôt l'absence de tout art, et ne doit guère entraîner de résultat décisif, à moins que les forces *relatives* des deux armées ou des deux flottes ne soient très-inégales, bien que numériquement semblables ; aussi voyons-nous les grands capitaines de l'antiquité les rejeter quand ils veulent obtenir de grands succès. A *Leuctres* et à *Mantinée*, notamment, ce n'est pas l'ordre parallèle, mais bien l'*ordre oblique renforcé sur une aile* qu'adopte Epaminondas pour remporter les deux victoires de ce nom, ces deux filles immortelles qu'il léguait, en mourant, à sa patrie pour toute postérité.

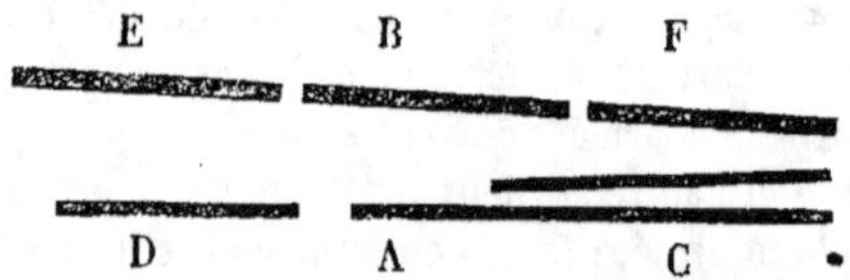

Le général thébain développe son armée DAC obliquement devant l'armée ennemie EBF , portant le gros de ses forces sur son aile droite C. Avec ces forces, il attaqua vigoureusement et battit

(1) Un vaisseau *est* au *vent* d'un autre vaisseau quand il a le vent favorable pour l'atteindre.

l'aile gauche de l'ennemi, pendant que son aile gauche D et son centre A, moins garnis de troupes, se contentaient de tenir le centre et l'aile droite de l'ennemi en respect. Cette brusque et vigoureuse attaque de l'aile renforcée C décida, dit-on, la victoire en faveur des Thébains.

Quant à la tactique des flottes de l'antiquité, elle fut plus lente dans ses progrès que celle des armées de terre ; et cela par suite de l'imperfection de leur architecture navale. Pendant longtemps, en effet, ces flottes ne furent jugées propres qu'à transporter des armées pour dévaster des côtes ou s'emparer des villes du littoral ; il fallut que certains peuples, devenant plus essentiellement navigateurs, trouvassent un nouvel élément de puissance dans les vaisseaux qu'ils avaient perfectionnés. Leurs flottes s'élancèrent alors sur la mer, non-seulement pour y commercer, mais pour y combattre, tnavire contre navire, soit de loin, à l'aide de flèches et de javelots, soit de près, à l'abordage, en engageant des luttes corps à corps. Plus tard, les marins de l'antiquité armèrent l'avant ou la proue de leurs galères d'un éperon, ou *rostre*, formidable lance de bois garnie d'airain ; et dirigeant alors cet éperon vers le côté du bâtiment ennemi avec toute la vitesse de leurs rames, ils entrouvraient son flanc et le coulaient bas.

Telles étaient les galères de la flotte grecque à la bataille de *Salamine*, bataille à laquelle la Grèce dut son indépendance. On se rappelle que *Thémistocle*, le héros principal de cette victoire, après avoir décidé les Grecs à s'embarquer sur 380 galères, pour y braver les 1200 galères de Xercès, fit disposer la flotte grecque dans le détroit compris entre l'île de Salamine et les plaines d'Athènes, de manière à fermer tout à fait l'entrée de ce détroit. Ainsi rangée, la flotte grecque présentait à la flotte perse un front serré de galères, lequel avait 12 rangs de navires de profondeur, front d'airain contre lequel vinrent se briser les efforts de la flotte perse, dont le général athénien avait ainsi neutralisé la plus grande partie. « Les gros vaisseaux des Perses, dit Hérodote, lourds et mal « manœuvrés, ne pouvaient combattre qu'un petit nombre à la fois « les galères grecques, lesquelles, mieux armées, mieux conduites, « entrouvraient, avec leurs redoutables éperons, les flancs des bâ- « timents ennemis. Quant à ceux de ces derniers qu'elles épar- « gnaient, ils allaient se briser sur les rochers avoisinant le dé- « troit. »

On voit que, pour compenser l'inégalité numérique des forces,

Thémistocle avait tiré un grand parti de la position que lui offraient le détroit et l'île de Salamine. Il n'était pas étonnant, d'ailleurs, que la tactique de flottes qui ne perdaient pas les côtes de vue consistât surtout à profiter des configurations les plus avantageuses du littoral ; or, comme le général athénien avait toute confiance dans la supériorité de ses galères, à nombre égal, sur les galères perses, il eut l'habileté de choisir une position telle, que l'ennemi ne pût l'envelopper d'aucun côté, et il eut l'adresse de le pousser à un combat , dans lequel les forces des Grecs , quoiqu'égales numériquement aux forces engagées des Perses, leur étaient, relativement, bien supérieures en habileté maritime et militaire. C'était donc, en réalité, l'application de la maxime de guerre que nous avons citée plus haut, et dont les victoires du général thébain fournissent un autre exemple : « *Qu'un bon général de terre ou de mer doit tendre à opérer, avec des forces supérieures, un effort combiné sur un point décisif.* »

Après les Grecs, les Romains ; l'histoire est pleine du récit de leurs batailles, que nous ne ferons d'ailleurs qu'effleurer. « Les Ro-« mains, dit l'empereur Napoléon Ier, dans ses dictées de Sainte-« Hélène, se rangeaient, pour livrer bataille, sur trois lignes, éloi-« gnées de 100 mètres chaque, et la cavalerie sur les ailes. »

Cet ordre de bataille, qui était aussi leur ordre de campement, leur réussit souvent, mais les fit échouer parfois, notamment à Cannes, où le génie d'*Annibal* leur opposa un ordre de bataille tout différent : le général carthaginois, étendant son armée sur une seule ligne, parvint à envelopper l'armée romaine et, l'attaquant à la fois de front, de flanc et même à dos, il la battit complétement. En un mot, il mit à peu près en usage l'ordre de bataille connu sous le nom d'*ordre de bataille concave sur le centre*, et dont voici un aperçu figuré :

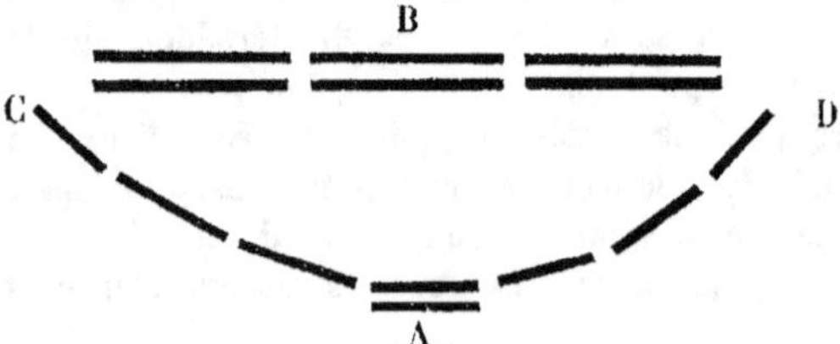

On comprend l'avantage qu'offre l'ordre de bataille concave à l'armée CAD, si l'armée B vient s'engager imprudemment dans son centre et se faire dès lors envelopper ; mais on comprend aussi que cet ordre ne puisse guère être adopté que pendant le combat, et qu'alors seulement le centre de l'armée A doive se creuser, et ses deux ailes se développer : car, si l'armée A était développée suivant cet ordre concave avant la bataille, l'armée B ne manquerait pas de tomber tout d'abord et avec succès sur les deux ailes C, D qui se présenteraient à elle par le flanc, c'est-à-dire dans la position la plus désavantageuse pour résister à son attaque.

Nous verrons plus loin que cet ordre concave a été fréquemment employé dans les batailles du moyen âge, non-seulement sur terre, mais sur mer, et tant que les galères ont constitué en majorité les flottes combattantes. Les Romains, peuple guerrier plutôt que marin, ne tirèrent pas de leurs flottes le même parti que les Grecs. Pour conserver sur mer la supériorité que leurs guerres continuelles leur donnaient sur le continent, ils cherchèrent autant que possible à assimiler entre elles les batailles sur les deux éléments ; aussi, fût-ce à eux que l'on dut l'idée du *corbeau*, ou pont volant, qui s'abattait sur le pont de la galère ennemie, pour faciliter les abordages. Ceux-ci une fois effectués, la victoire restait aux plus habiles à manier les armes blanches : et l'on sait que les soldats romains y excellaient plus que tout autre peuple. La bataille historique la plus remarquable que les Romains aient livrée sur mer est la bataille d'*Actium*, qui donna l'empire du monde à Octave, neveu de César, 31 ans avant Jésus-Christ. A cette époque, ce n'était plus seulement des javelots que les galères se lançaient réciproquement avant de s'aborder, mais des projectiles incendiaires, des dards enflammés, qui réussissaient souvent à mettre le feu et tout au moins le désordre et la consternation à bord des bâtiments ennemis. On va voir qu'Octave ne négligea aucun de ces moyens pour mettre la fortune de son côté.

Antoine, son compétiteur, avait rangé sa flotte devant l'entrée du golfe d'Ambracie. Les galères d'Octave, qui étaient aussi légères, rapides et bien manœuvrées, que celles de son adversaire étaient lourdes et difficiles à manier, se dirigent, au contraire, vers la pleine mer, où elles veulent attirer l'ennemi, pour profiter de la supériorité de leur marche et de leur manœuvre. Antoine, quelque temps immobile, cède enfin à l'ardeur de ses soldats, et fait ébranler sa flotte ; mais celle d'Octave continue de s'éloigner, pour l'attirer davantage, espérant que plus les lourds vaisseaux d'Antoine s'écarteront du rivage, plus ils rompront leur ligne serrée et compacte, qu'on ne peut songer à entamer avec de légers vaisseaux. C'est en effet ce qui a lieu : et la flotte d'Octave, faisant alors volte-face, attaque celle d'Antoine sur toute la ligne. Les liburnes, ou galères rapides du neveu de César, parfaitement manœuvrées, tournent autour des lourds vaisseaux ennemis et leur lancent force dards enflammés, force torches ardentes, pour embraser les tours de bois dont ces vaisseaux sont surmontés. Ceux-ci, de leur côté, ripostent avec des projectiles du même genre et font même, dit-on, jouer des catapultes, ou machines à lancer des pierres, sur les liburnes d'Octave, qu'ils parviennent parfois à aborder violemment et à couler d'un seul coup. Parfois aussi, ces liburnes réussissent à embraser les colosses flottants d'Antoine, qui deviennent alors la proie des flammes. Bref, la bataille est encore indécise, lorsque, tout à coup, on aperçoit les soixante galères de Cléopâtre, lesquelles formaient au fond du golfe d'*Ambracie* la réserve d'Antoine, s'ébranler, sortir du golfe, puis, au lieu de venir décider la victoire en faveur de ce général, passer derrière ses vaisseaux et s'enfuir au large à toutes voiles.

On sait le reste : Antoine, oubliant tout, s'élance sur les traces de la reine qu'il idolâtre, abandonnant l'empire du monde aux mains de l'heureux Octave.

Il est à remarquer que, dans la bataille d'*Actium*, la flotte légère d'Octave adopta, pour combattre les lourds vaisseaux d'Antoine, une tactique opposée à celle que Thémistocle avait mise en usage contre la pesante flotte des Perses : c'est que le neveu de César avait 400 galères, pour la plupart admirablement montées et équipées, à opposer à un nombre à peu près égal de lourds navires formant la flotte de guerre de son compétiteur, tandis que la flotte grecque, composée de 380 galères, devait combattre 1,200 vaisseaux perses, qui eussent pu l'envelopper en pleine mer, et donner alors une tout autre issue à la bataille. Loin de chercher de l'appui dans la configuration du rivage, le général d'Octave devait donc s'attacher à profiter de la *supériorité relative et maritime* de sa flotte, après avoir rompu la ligne des vaisseaux ennemis, en les attirant au large, c'est-à-dire multiplier les attaques de plusieurs de ses galères autour de ces barques presque inertes, puis chercher à mettre le feu à leurs massives tours de bois, toutes manœuvres aussi habiles qu'opportunes et auxquelles il dut la victoire. Ainsi donc, bien que la tactique du général athénien et celle du futur empereur romain semblent résulter de combinaisons opposées, en réalité elles furent toutes deux judicieuses, parce que toutes deux s'appuyaient sur la maxime de guerre fondamentale que nous avons énoncée plus haut.

II.

De l'ère chrétienne au xvie siècle.

Le Christ vient de naître dans une étable, et lorsque luit le premier jour de l'ère chrétienne, d'où datera, plus tard, un monde nouveau, le monde ancien relève presque tout entier d'un seul pouvoir, l'Empire romain, que la victoire d'*Actium* avait donné au neveu de César; cent peuples vaincus, de l'Europe, de l'Asie, de l'Afrique reçoivent la loi, non plus d'un seul peuple, d'une seule ville, mais d'un seul homme. En 364, le premier craquement de ce colosse impérial se fait entendre ; son unité cesse, et *Valentinien*, se réservant l'empire d'*Occident*, dont Rome demeure la capitale, donne l'empire d'Orient à *Valence*, qui va siéger à Constantinople.

L'empire d'Occident, lui-même, ne dure qu'un siècle et succombe, sous le règne d'*Augustulus*, envahi par les barbares du Nord ; l'empire d'Orient ne devient que plus tard la proie des sarrasins, ou barbares du Midi, puis des Turcs, ou barbares de l'Est.

Toutes ces hordes de barbares, maîtresses du monde, l'enveloppent des ténèbres de leur ignorance ; et si de grands chocs d'armée ont lieu, ils ne trouvent d'écho que dans les chants des bardes inspirés. C'est à la suite de ces chocs d'armée que la domination romaine s'éteint peu à peu dans les provinces de l'empire d'Occident. La *Grande-Bretagne* est envahie par les Angles et les Saxons, la *Gaule*, par les Francs, les Bourguignons et les Visigoths. La *Germanie* demeure longtemps le grand réservoir des barbares, la grande route de leurs expéditions, l'*Italie* tombe sous les Hérules; l'*Espagne* sous les *Alains*, les *Vandales* et les *Suèves*, que viennent attaquer à leur tour les *Sarrasins*, débarqués des rivages d'Afrique.

Ainsi, partout des migrations armées, partout l'Occident sillonné de peuplades barbares qui s'avancent le fer à la main, plantant leurs tentes sur les débris de la puissance romaine, puis se livrant ensuite des batailles acharnées : existence nomade et guerrière semée de combats aux brillants épisodes, sans doute, mais ignorés de l'histoire. Il nous faut arriver à la fin du ve siècle pour trouver quelques traces de cette fameuse bataille de *Tolbiac*, que Clovis, chef de la race franque, livre, après s'être établi dans les Gaules, à la formidable ligue de nouveaux barbares qui veulent l'envahir à leur tour. Aux exploits de *Clovis* succèdent, 3 siècles après, ceux de *Charles Martel*, que les documents incomplets de l'histoire nous transmettent en termes non moins vagues : les chroniqueurs nous disent bien que le valeureux Charles écrase l'islamisme dans les plaines de *Tours* et de *Poitiers*, et en repousse les débris épars au delà des Pyrénées; mais, sur les ordres de bataille et sur les causes principales des victoires, rien de précis n'est parvenu jusqu'à nous; ce n'est pas qu'ils oublient certains épisodes remplis d'intérêt, sans doute, mais peu instructifs à l'égard de la tactique; ainsi, ils n'ont garde d'omettre qu'au milieu de la bataille de *Tolbiac*, Clovis fit vœu, s'il était vainqueur, de n'avoir désormais pour dieu que le dieu des Chrétiens, le dieu de sa femme Clothilde ; ils consignent, avec non moins de soin, les terribles horions que Charles Martel distribuait aux ennemis, et qui ressemblaient fort aux coups redoublés du marteau sur une enclume, d'ou vint, comme chacun sait, le sobriquet du héros franc ; mais, hors ces épisodes, qui durent certainement contribuer beaucoup au gain de la bataille, on ne trouve aucun détail précis qui puisse fixer les idées sur la tactique militaire adoptée par les peuples barbares. Les chroniques des ixe et xe siècles ne sont pas beaucoup plus riches en documents explicites ; c'était cependant la glorieuse époque de *Charlemagne*,

2.

dont le génie organisateur et conquérant sut créer un empire là où ses prédécesseurs n'avaient guère établi qu'un vaste camp militaire ; et non-seulement ce héros couronné gagna force batailles sur terre, mais il dota son empire d'une puissante flotte de guerre, afin de faire respecter les côtes de la Manche et de l'Océan, où les Normands arrivaient des mers du Nord sur leurs nombreux *drakkars,* ou vaisseaux scandinaves, pour y exercer de continuelles déprédations.

Le milieu du XI⁰ siècle est marqué par un grand événement historique : ces mêmes Normands, qui ont fini par s'établir en France, dans la contrée qui porte leur nom, veulent plus encore, et rêvent la conquête de l'Angleterre ; Guillaume de Normandie l'effectue à la tête d'une flotte de 3,000 bâtiments, grands et petits, et de 60,000 hommes. Après avoir employé huit mois, dit la chronique, à construire et armer ces bâtiments, à réunir ses approvisionnements et son armée, Guillaume fait voile du port de Saint-Valery-sur-Somme, le 29 septembre 1066, et opère son débarquement, sans résistance, à *Perensey,* dans le Sussex. Il marche au devant de *Harold,* dernier roi Saxon de la vieille Angleterre, et lui livre bataille dans les plaines d'*Hastings,* bataille décisive qui dura depuis trois heures du matin jusqu'au coucher du soleil. Guillaume eut, dit la chronique, trois chevaux tués sous lui ; *Harold* resta sur le champ de bataille au milieu de 5,000 Normands, et l'armée anglaise y perdit 30,000 hommes. Quelles furent, d'ailleurs, les combinaisons militaires de cette terrible bataille, qui eut pour immense résultat la conquête et l'organisation du royaume d'Angleterre telle qu'elle existe encore aujourd'hui ? C'est ce qu'il est bien difficile de préciser, même à l'aide de la *tapisserie de Bayeux,* brodée sur fond blanc, avec des fils et des laines de différentes couleurs ; tradition à l'aiguille venue jusqu'à nous, et qui est, suivant les uns, sortie des mains de la reine Mathilde, épouse du conquérant, suivant les autres, l'œuvre de l'impératrice Mathilde, fille du roi Henri Iᵉʳ, et dernier rejeton de la 1ʳᵉ famille des ducs de Normandie.

Le XII⁰ siècle nous montre la France et l'Angleterre préludant à ces luttes terribles qui auront pour objet de décider si les deux pays devront, ou non, absorber leurs deux nationalité dans une seule : mais il n'est remarquable par aucune grande bataille digne de fixer notre attention. Les seuls principaux événements militaires dont il est semé ont trait aux croisades qui précipitèrent alors l'Occident vers l'Orient, mais qui nous apparaissent plutôt dans les chroniques contemporaines comme une épopée chrétienne et chevaleresque que comme une école de tactique militaire.

Le commencement du XIII° siècle est marqué par une bataille célèbre, celle de *Bouvines*, qui imprime un sceau particulier de grandeur et de puissance à la monarchie française ; menacé par une ligue formidable de l'empereur Otton de Brunswich et du roi d'Angleterre, Philippe-Auguste fait appel à ses ducs, marquis, comtes et barons (1), pour défendre l'indépendance du royaume de France ; tous accourent à sa voix avec une spontanéité de mouvement national qui était déjà d'un bon augure pour le succès de la bataille ; dans les documents incomplets parvenus jusqu'à nous, on lit « l'ordre de bataille des Français, à *Bouvines*, fut réglé par le « chevalier du temple *Guérin*, qui eut l'adresse de mettre le soleil « dans les yeux de l'ennemi, ce qui contribua beaucoup à la vic « toire. » Malheureusement la chronique ajouta que le combat commença le 25 juillet, à midi ; or, le soleil de midi, en juillet, devait être, ce nous semble, plutôt au-dessus de la tête des combattants que devant leurs yeux ; il est vrai que les chroniqueurs n'y regardent pas de si près. Quant au plan de bataille de l'empereur Otton, il consistait surtout, d'après les mêmes chroniqueurs, à porter tous ses efforts contre la personne du roi de France, persuadé que, lui tué ou prisonnier, la victoire deviendrait facile à l'armée confédérée ; il se dirige donc contre ce monarque avec trois escadrons d'élite, et attaque si rudement tout ce qui l'entoure que Philippe est renversé, foulé aux pieds des chevaux ; « lors le porte-étendard du « roi haussant et baissant son royal guidon, en signe de détresse, « appelle les seigneurs et chevaliers français à la rescousse, » ceuxci animés par le danger que courait leur monarque, se réunissent et fondent à leur tour comme une avalanche de fer sur les escadrons de l'empereur Otton, les repoussent et les dispersent, si bien que l'empereur lui-même ne trouve de salut que dans la fuite : la nouvelle du succès remporté autour du roi se répand alors dans l'armée française qui redouble d'ardeur et resta maîtresse du champ de bataille. Bien qu'à cette époque, les chevaliers, habiles au ma-

---

(1) Tous ces titres étaient originairement des grades militaires. Ainsi, duc (*dux*) signifiait *conducteur d'armée, général d'armée* ; comte (*comes*) indiquait celui qui accompagnait le roi, son *compagnon de guerre* ; marquis (*marchis* voulait dire l'*homme des marches, le gardien armé des frontières* ; baron (*varo*) le *guerrier libre et courageux*, etc., etc. Une noblesse qui n'était pas militaire eut paru alors un non-sens.

niement de la lance et montés sur des chevaux bardés de fer comme eux constituassent la force la plus réelle des armées, les gens des villes et des campagnes y suivaient leurs seigneurs pour combattre sous leurs bannières ; mais ils ne pouvaient guère résister au choc des premiers, et servaient plutôt à faire nombre ou à combattre les gens à pied de l'armée ennemie : comme on le voit d'ailleurs, la personne des monarques était des plus exposées dans les combats de cette époque et considérée comme le gage de la victoire ; aussi étaient-ils tenus de combattre personnellement comme les plus vaillants de leurs soldats, non-seulement pour défendre leur vie, mais pour assurer la victoire. Les rois de France remplissaient dignement ce noble rôle ; c'est ainsi que le petit-fils du vainqueur de *Bouvines*, le pieux et intrépide Louis IX, se montre digne du sang de Philippe-Auguste, 30 ans après, à la bataille de *Taillebourg*. Il fallait franchir un pont pour faire une trouée dans l'armée anglaise ; le monarque français, qui s'y était précipité le premier suivi de huit chevaliers, est repoussé par des forces supérieures, et reste à découvert au milieu des cadavres de ces huit braves, qui lui ont fait un rempart de leurs corps ; mais l'exemple du roi frappant toujours d'estoc et de taille, électrise le reste de son armée qui force alors le pont et met en déroute l'armée anglaise.

Dans ce même XIIIe siècle nous voyons l'architecture navale faire de grands progrès et exécuter des bâtiments qui nous semblent encore aujourd'hui gigantesques pour l'époque : les croisades, auxquelles prit une part active le roi Saint-Louis, si intrépide à Taillebourg, durent être une des causes de ce développement maritime ; il ne s'agissait, en effet, de rien moins que de faire traverser la Méditerranée à des armées entières, à leurs chevaux, harnais, approvisionnements, etc., etc... Aussi fallut-il pour cela recourir, non pas seulement à des galères d'une médiocre capacité, mais à de grands et lourds vaisseaux ronds, au large ventre, aux vastes logements. —Parmi les 1800 nefs de toute dimension que Saint-Louis réunit à l'ancien port d'*Aigues-Mortes* pour cet objet il y en avait d'un assez fort tonnage ; d'après les documents authentiques de l'époque, nous citerons la *Sainte-Marie*, la *Roche forte*, et le *Saint-Nicolas*, qui avaient de 100 à 110 pieds de long, de 30 à 35 pieds de large et de 30 à 40 pieds de hauteur, depuis la quille jusqu'à la hauteur des *accastillages*, c'est-à-dire jusqu'au *châteaux* et *paradis* dont étaient surmontées leurs poupes et leurs proues ; na-

turellement l'emploi de ces pesants navires obligea à recourir plus
aux voiles qu'aux rames pour les manœuvres et diriger en pleine
mer, ce qui fit augmenter et perfectionner le système de voilure de
ces *nefs* ou *naves*, cette enfance des vaisseaux de guerre à voiles ;
plus propres d'ailleurs à porter des troupes et des pélerins qu'à
combattre, les *naves* laissaient ce dernier rôle aux *galères,* surtout
dans la Méditerranée.

Le xivᵉ siècle nous a transmis quelques documents assez cu-
rieux sur les événements militaires et maritimes de l'époque, notamment les chroniques de Froissard : ce fut d'ailleurs un siècle
malheureux pour les armées françaises, car les deux plus importantes batailles qui en marquent le cours, celle de *Crécy* sur terre
et celle de l'*Ecluse* sur mer, nous les perdons ; mais l'histoire
de notre pays est assez riche en gloire militaire pour que nous puis-
sions interroger les causes de ces désastres avec calme et impartia-
lité. C'est en 1340 que se livra la bataille navale de l'*Ecluse*, entre
les Français d'un côté et les Anglais de l'autre : « Bataille, dit
« Froissard, qui fut félonneuse et très-horrible ; car bataille et as-
« saut sur mer sont plus forts et plus durs que sur terre : car là ne
« peut-on reculer ni fuir, mais faut combattre à l'aventure et cha-
« cun, en droit soi, montrer sa hardiesse et prouesse. » Comme la
bataille se livrait sur l'Océan, les deux flottes se composaient plus
particulièrement de *naves,* où les voiles remplissaient, comme on
l'a vu, un rôle plus important que les rames. Dans la Méditerranée,
où la mer était plus belle et les calmes fréquents, c'étaient les galères à rames qui composaient exclusivement les flottes de guerre.

Le roi d'Angleterre rangea, dit-on, sa flotte sur deux lignes, la
première ligne composée des plus forts navires ; les hommes d'armes et archers étaient échelonnés dans ces lignes, c'est-à-dire qu'il
y avait une *nave* chargée d'hommes d'armes, entre deux chargées
d'archers ; les arbalétriers se tenaient sur les ailes. Le combat commença à huit heures du matin et dura neuf heures. Quelques historiens prétendent que l'issue en était encore incertaine, lorsque la
flotte flamande, qui était restée d'abord spectatrice du combat,
tomba sur la flotte française avec impétuosité et décida la victoire
en faveur des Anglais. Si l'on en croit la chronique de *Froissard,*
c'est en partie à une autre cause qu'il faut attribuer la victoire :
c'est au soleil, qui se trouve jouer de nouveau, suivant le chroni-
queur, un rôle important dans l'histoire de ce succès. « Quand le
« roi d'Angleterre et son maréchal eurent ordonné les batailles,

« (nom qu'on donnait alors aux corps principaux dont se compo-
« sait soit une armée, soit une flotte), il fit venir au vent, de quar-
« tier, sur dextre, pour avoir l'avantage du soleil, qui, avant, leur
« venait au visage. » Nous nous permettrons encore de faire remarquer que cet avantage ne put pas être de longue durée, puisque la
bataille dura depuis huit heures du matin jusqu'à cinq heures du
soir, et qu'alors le fort de la mêlée dut avoir lieu à midi, heure à
laquelle le soleil gêne plus le haut de la tête que les yeux ; et, qu'en
outre, si le roi d'Angleterre eut l'avantage du soleil de huit heures
du matin à midi, ce même avantage dut être pour les Français de
midi à cinq heures.

Nous n'irons pas chercher si loin les causes de ce succès, et il
nous semble que les bonnes dispositions du roi d'Angleterre, comme
l'habileté renommée de ses archers, méritent qu'on leur en attribue
la plus large part.

Six ans après, se livra la bataille de *Crécy*, dans laquelle le désordre et l'indiscipline qui régnaient alors au sein de nos armées et
de nos flottes furent, comme on va le voir, les causes principales
de notre défaite.

Le roi d'Angleterre, après avoir passé la *Somme* au gué de *Blan-
quetaque*, prit position sur une éminence qui domine le village de
Crécy, dont cette bataille a conservé le nom. Il enferma ses baga-
ges dans unretranche ment, en arrière de son armée, qu'il disposa,
d'après quelques auteurs anglais, suivant un ordre de bataille à peu
près concave vers le centre. Toutefois, il modifia cet ordre de bataille concave d'une façon très-rationnelle, en ce que l'armée anglaise, au lieu d'être développée suivant une courbe, l'était suivant
une ligne brisée, rentrant vers le centre, comme B,A,C.

Cet ordre n'a pas l'inconvénient de prêter le flanc aux ailes,
comme l'ordre demi-circulaire ; néanmoins il perd de ses avantages, si l'ennemi, au lieu de s'enfoncer dans le creux formé au centre A, donne simplement sur les ailes B et C. Or, c'est ce qui n'eut
pas lieu à *Crécy*, où l'armée française se précipita successivement
en masses confuses et désordonnées dans le centre de l'armée anglaise.

Les archers génois au service de France commencèrent les premiers l'attaque et furent rudement reçus par les archers anglais, placés sur les ailes B et C; ils prirent la fuite, et les troupes françaises, au lieu de favoriser leur retraite, les chargèrent pour les ramener au combat, première cause de désordre dans l'armée française. Les troupes qui avaient succédé aux Génois attaquèrent à leur tour l'armée anglaise, mais en se précipitant dans l'entonnoir d'airain que formait cette armée, où elles furent fort maltraitées. Le roi de France Philippe espère changer la face des affaires en donnant lui-même avec des cavaliers d'élite dans la mêlée; mais il ne tarde pas à être enveloppé; son cheval est tué; il en remonte un autre, et quoique blessé à la gorge et à la cuisse, s'obstine encore à combattre; bref, la déroute des Français devenant complète, le comte de Hainaut saisit par la bride le cheval du monarque et l'entraîne hors du champ de bataille. Il ne restait plus auprès de lui que cinq cavaliers, avec lesquels il arrive au château de *la Broye*, près d'Abbeville : « Qui vive ? crie la sentinelle.—Ouvrez, répond le roi, « c'est la fortune de la France ! » Ce mot n'était que trop vrai, et l'on en eut la preuve, lorsque le successeur de Philippe de Valois, l'infortuné Jean II, fut fait prisonnier à la bataille de *Poitiers*, qu'il perdit à peu près pour les mêmes causes. Sa captivité devint une plaie pour le royaume, et cependant ce monarque avait, comme son père, vaillamment combattu à *Poitiers :* « Cerné de tous côtés, le « roi se défendait en désespéré, une hache à la main, dit la chro- « nique; son fils *Philippe*, qui fut plus tard *Philippe le Hardi*, se « jetait au devant des coups qu'on portait à son père, et fut blessé « à ses côtés; le roi, dont le casque était tombé pendant l'action, « reçut deux blessures au visage. »

On voit que, dans les batailles de cette époque, le général en chef payait rudement de sa personne, même quand ce général était le monarque; plus tard, lorsque les armes à feu se perfectionnent et que leur emploi vient égaliser la force et l'adresse des combattants, c'est de la tête et non du bras que les généraux travaillent pour mettre la victoire de leur côté : nous les verrons alors attacher plus d'importance à la guerre de position et mieux organiser leurs éléments de succès. Pendant ce siècle, *du Guesclin* préluda le premier à cette organisation, non-seulement en disciplinant les troupes royales, mais encore en les disposant avec plus d'habileté pour le combat. Ainsi, à *Cocherel*, il obligea les Anglais à quitter une position avantageuse; puis alors, leur livrant combat, il prit une glorieuse revanche des défaites de *Crécy* et de *Poitiers*. *Du Guesclin* avait toujours une réserve de troupes fraîches qu'il ne faisait donner qu'au moment où il fallait décider de la victoire.

On s'étonnera peut-être que, dans les récits des combats du xive siècle, nous ayons omis de donner quelque importance à l'emploi de la poudre à canon, que déjà le moine Bacon avait, dit-on, inventée dès le xiiie siècle : c'est qu'il ne faut pas croire qu'à son début, la poudre à canon produisît les effets que nous voyons aujourd'hui. Un de ses ingrédients, le salpêtre, alors mal purifié, empêchait que l'explosion fût assez forte et la vitesse des petites balles suffisante pour percer des armures; aussi fut-on obligé, dans le début de l'invention, d'employer de gros projectiles et, par suite, de grosses et informes bouches à feu, non moins dangereuses pour ceux qui s'en servaient que pour l'ennemi. Nous partageons donc l'opinion de ceux qui ne font dater l'usage sérieux des armes à feu que de la fin du xive siècle, et qui pensent que si, à Crécy, les Anglais en ont fait emploi, ce n'est pas du moins à cet emploi que l'on doit attribuer leur victoire.

Il faut se rappeler que les premiers canons ne se composaient que de fortes lames de fer, qu'on assemblait avec des anneaux, comme on assemble les douvelles d'une barrique; que la dose de poudre à y mettre pour faire partir les projectiles était ignorée, et que ces projectiles furent d'abord des pierres grossièrement taillées. Ces canons devaient donc éclater souvent. Ce n'est guère aussi que vers la deuxième moitié du xive siècle que l'artillerie fut utilisée sur les bâtiments; les premiers essais en furent tentés à bord des galères, dont on arma l'avant d'une pièce de canon, appelée *coursier*. Quant aux *naves*, ou bâtiments à voiles, elles ne purent être armées que de *bombardes* d'un petit calibre, nom que l'on donnait aux canons que l'on plaçait sur leur pont pour tirer en bombe par-dessus le plat-bord; ces *bombardes* lançaient de grosses pierres. Mais, dans le xve siècle, l'artillerie se perfectionne sur terre et sur mer, et joue un rôle important pour hâter le succès des combats, des siéges surtout. C'est l'époque où les Anglais, maîtres d'une grande partie du territoire de la France, en sont cependant expulsés définitivement. Dans cette série de combats, d'assauts que leur livrent les généraux français, assistés de Jeanne d'Arc, cette héroïne inspirée, il est sérieusement question de l'emploi des bouches à feu. A la journée des *Harengs*, notamment, le canon des Français tirait avec tant d'efficacité, *« que beau-« coup d'Anglais succombaient, »* dit *Daniel.*

Une fois maître de son royaume, Charles VII y organisa des *compagnies d'ordonnance* de cavalerie et des compagnies de *francs-archers*. Tel fut le noyau des armées permanentes qui devaient assurer plus tard l'indépendance nationale, et qui eurent aussi pour but de réprimer les querelles et les divisions intestines des grands vassaux.

Les *francs-archers* étaient armés d'une hallebarde ou d'une pique, que nous verrons plus tard remplacées par l'arquebuse. Chaque paroisse devait fournir *un archer, par cinquante feux ou maisons, d'une fidélité et d'une bravoure éprouvées.*

Les compagnies d'*ordonnance* de cavalerie permanente se composaient de *gens d'armes*, qui, d'ordinaire, se rangeaient en bataille sur un seul rang, en espaçant assez les distances pour pouvoir manier facilement la lance. Il était rare d'ailleurs que, le combat commencé, ils observassent leurs rangs ; ils *travaillaient* alors chacun pour leur propre compte.

L'artillerie ne fit pas de moindres progrès sous le règne de Charles VII ; la métallurgie, mieux connue, permit de fondre les pièces de canon et, par suite, des boulets de tout calibre. Pendant ce même xve siècle, la France et l'Angleterre, tout entières à leur lutte du continent, négligèrent beaucoup leurs flottes ; toutefois, la marine, et surtout la marine à voiles, fit des pas de géant, grâce à l'invention de la *boussole*, qui allait permettre aux navigateurs de s'aventurer en pleine mer et de découvrir un monde nouveau. Obligées de naviguer au large à l'exclusion des *galères*, les *naves*, que nous appellerons désormais *vaisseaux à voiles* ou tout simplement *vaisseaux*, vont perfectionner leur voilure, leur gréement, leur artillerie, et constituer peu à peu ces redoutables flottes, hérissées de canons, dont les luttes décideront plus tard du sort de l'Europe.

Si donc, le xve siècle ne nous offre pas de ces grandes batailles de terre ou de mer qui servent d'enseignement pour faire combattre des masses d'hommes entre elles, en revanche, son cours est marqué par une série de perfectionnements nouveaux que le génie de l'homme a jetés dans la balance des destinées du monde : c'est le canon, dont l'histoire va être désormais celle de nos armées et de nos flottes ; ce sont les troupes permanentes devenues nécessaires pour garantir l'autorité du monarque au dedans et l'indépendance du pays au dehors ; nécessaires, puisque les levées de boucliers féodales auxquelles la France avait dû parfois son salut, comme à Bouvines, ne constituaient plus une force assez régulière pour repousser les invasions.

C'est enfin la boussole qui, faisant dédaigner au marin la timide navigation des côtes, va le jeter des mois entiers sur l'Océan, entre le ciel et l'eau, va l'obliger à agrandir son vaisseau pour le munir d'eau et de vivres, à consolider sa mâture, ses voiles, pour braver la tempête, à l'armer de nombreux canons, pour combattre avec succès sur les plus lointains rivages.

III.

Batailles de terre et de mer du XVIe siècle.

Les batailles de terre et de mer du XVIe siècle sont doublement intéressantes à étudier ; non-seulement parce que les documents de cette époque sont plus précis, mais parce qu'ils révèlent dans les plans de bataille des généraux et des amiraux des combinaisons plus multipliées. La force et l'adresse des soldats y perdent de plus en plus de leur importance ; c'est le génie calculateur des chefs qui en acquiert ; c'est, en un mot, l'art de la guerre qui grandit.

Les armées, devenues permanentes depuis Charles VII, ont acquis des traditions d'ordre et de régularité, qui permettent de mieux les mouvoir, de les manœuvrer. Divisées en trois corps principaux, elles sont généralement développées en *croissant* pour combattre, c'est-à-dire à peu près suivant l'ordre concave que nous avons déjà figuré. Tel est le développement de l'armée française à la bataille de *Ravennes*, qu'au début de ce siècle livre Gaston de Foix, duc de Nemours, à l'armée espagnole, près la ville de ce nom.

L'armée française a sa droite appuyée sur le fleuve *Ronco* ; l'armée espagnole, qui lui fait face, y appuie sa gauche et attend son attaque à l'abri de retranchements improvisés, de chariots, etc. L'armée française s'avance, disposée en croissant, et commence l'attaque à coups de canon, pour débusquer l'armée espagnole de ses retranchements. Celle-ci riposte vivement, sans en sortir. Ce fut alors que Ives d'Allègre eut l'idée de placer à l'extrémité de gauche dudit croissant de l'armée française ou, pour employer les termes de l'époque, *à la corne de gauche*, plusieurs *couleuvrines*, ou canons longs, qui commencèrent un feu assez vif sur l'aile droite de l'armée espagnole, qu'elles battaient en flanc. La cavalerie ennemie placée sur cette aile en fut abîmée. L'infanterie espagnole sortit alors de ses retranchements pour la soutenir ; mais, malgré leur renommée, les vieilles bandes espagnoles, attaquées à la fois et par notre infanterie et par notre cavalerie, furent obligées de battre en retraite : ce qu'elles effectuèrent avec beaucoup d'ordre. Ce fut en les chargeant avec une rare intrépidité, pour précipiter leur déroute, que le duc de Nemours, ce jeune héros de 22 ans, fut percé de coups et trouva la mort dans l'ivresse de la victoire. Comme on le voit, le canon commence à jouer un rôle important dans les batailles, pour décider du succès. Les arquebuses, non moins perfectionnées, se substituent partiellement aux piques, aux hallebardes : ainsi, à la bataille de *Cérisolles*, que gagne François de Bourbon, comte d'Enghien, vers le milieu du xvi° siècle, il y a, dans chaque armée, un rang d'arquebusiers intercalé entre deux rangs de piquiers ; la bataille commence même par un combat de *tirailleurs* que se livrent les *enfants perdus* des deux armées pendant quatre heures, et avant que celles-ci ne viennent aux mains.

C'est aussi vers cette époque qu'apparaissent les corps de *reîtres* ou cavaliers allemands, troupes mercenaires, ainsi que les *lansquenets*. Les *reîtres*, armés de *pistolets*, marchent sur 30 chevaux de front et 12 ou 15 de profondeur ; c'est l'escadron dans son origine ; et la réunion de ces escadrons dut obliger naturellement à combiner avec un certain ordre les manœuvres de cavalerie.

L'artillerie, de son côté, se perfectionne et s'utilise de plus en plus dans les batailles, notamment dans les guerres de la Ligue, où le génie militaire de Henri IV lui emprunte ses plus habiles combinaisons de combat ; c'est ainsi qu'à *Arques*, ce monarque, obligé de combattre avec 8,000 hommes les 30,000 hommes de *Mayenne*, dispose sa petite armée, en bataille dans l'espace restreint qui sépare la forêt d'*Arques* de la rivière de *Béthune* ; puis il place 4 pièces de canon de manière à battre de front et dans toute sa profondeur l'armée ennemie, lorsque, prenant l'offensive, elle viendra s'engager dans cet espace resserré ; il en place 4 autres sur le château d'*Arques*, au delà de la rivière, lesquelles devront prendre en flanc les colonnes de l'ennemi, une fois engagées, pendant que les premières les laboureront de front ; et ainsi disposé, il reste sur la défensive.

L'armée des *ligueurs* attaqua comme le roi Henri l'avait prévu, et fut battue, malgré sa grande supériorité numérique, grâce à ces habiles dispositions.

A Ivry, le génie de Henri IV ne se révéla pas moins fécond en combinaisons militaires : ce monarque se trouvait avoir encore à lutter contre une armée de beaucoup supérieure à la sienne ; il choisit donc une bonne position et y attend l'attaque des ligueurs ; ceux-ci s'avancent et attaquent, en effet, mais en désordre, sous le feu de plusieurs pièces de canon que le roi avait placées, comme à *Arques*, de manière à abîmer les premières colonnes ; puis, lançant alors successivement et utilement ses divers corps de troupes pour compléter ce désordre, le vainqueur d'*Arques* réussit encore à fixer la victoire de son côté. Parmi les divers corps qu'il avait ainsi engagés, on remarqua surtout la réserve, composée de troupes d'élite, et placée sous les ordres du maréchal Biron. Ces troupes d'élite, qu'il avait rendues facilement mobilisables, tantôt vinrent attaquer l'ennemi de front pour soutenir les parties trop faibles de l'armée du roi, tantôt de flanc pour l'ébranler davantage, puis à dos pour compléter sa défaite.

Ainsi donc, non-seulement Henri IV sut faire avec génie la *guerre de position,* mais il tira un admirable parti de sa petite artillerie et de la mobilité dont il avait doté ses corps de troupes.

Ce même XVIe siècle nous montre les combats de mer subissant aussi des modifications importantes, surtout dans l'*Océan.* Le constructeur français *Descharges* ayant imaginé de percer les deux côtés des vaissaux de sabords pour y assujettir des canons, on arme ces deux côtés de nombreuses bouches à feu ; la différence entre les bâtiments de guerre et les bâtiments marchands est aussi plus marquée : à ceux-ci le transport, à ceux-là le canon. Les constructions des *naves,* devenues *vaisseaux à voiles,* prennent des proportions plus grandioses. Ainsi, les ingénieurs bretons, sur l'ordre de leur duchesse, construisent et lancent dans la *Vilaine* le vaisseau *la Cordelière,* de 60 bouches à feu, dont la reine Anne, duchesse de Bretagne et femme de Louis XII, fait don à la France. Sans nul doute que ce vaisseau dut paraître aussi merveilleux, à cette époque, que de nos jours *le Napoléon*, le premier vaisseau de ligne à vapeur qui ait flotté sur mer ; mais de même que les Anglais d'aujourd'hui ont construit *le Wellington* pour l'opposer au *Napoléon*, les Anglais d'alors construisirent le vaisseau *la Régente*, pour l'opposer à *la Cordelière*. Comme on le voit, la rivalité des deux marines, en constructions navales comme en luttes de guerre, ne date pas d'hier. *La Cordelière* ne demeura pas inactive dans le port. En 1513, nous voyons l'amiral breton *Porsmoguer* (dont on a fait *Primauguet*), y arborer son pavillon et sortir de Brest avec 30 vaisseaux de toute grandeur, pour attaquer l'amiral anglais *Howart*, qui était venu dévaster les côtes de Bretagne, avec 45 voiles ; les deux flottes se rencontrent devant le petit port du Conquet, et le combat s'engage. Ce fut, dit-on, une affreuse mêlée, dans laquelle on fit jouer des deux côtés, et le canon et les artifices incendiaires. *La Cordelière* eut d'abord à combattre les vaisseaux le *Souverain* et la *Régente* ; puis, ayant désemparé le premier, il aborde le second et lui communique un violent incendie ; bref, les deux vaisseaux brûlent ensemble, et 2,000 hommes, parmi lesquels *Porsmoguer* lui-même, périssent victimes de ce généreux désespoir.

Les deux flottes, comme frappées de stupeur par ce désastre, discontinuèrent le combat et se séparèrent.

Mais ce n'est là qu'un drame maritime ; quelques années encore, et nous allons voir l'action de ces drames à coups de canon, à coups de brûlots, se régulariser et s'assujettir à des manœuvres plus précises. François Ier vient de prendre le sceptre de France ; ce roi chevalier, vaincu à Pavie, mais vainqueur à Marignan, veut doubler l'élan imprimé à la marine, comme il a su imprimer un essor nouveau aux arts et aux belles-lettres.

Il crée le port du Havre en 1518, et en fait le centre de ses armements maritimes dans la Manche, rôle que Cherbourg devait, trois siècles plus tard, ravir à ce port trop peu profond pour nos gigantesques vaisseaux d'aujourd'hui.

Le monarque François vient lui-même au Havre, assister à l'armement d'une flotte de 250 voiles à la tête de laquelle il met l'amiral *d'Annebaut ;* cette flotte avait l'ordre d'attaquer la flotte anglaise, et de dévaster les côtes d'Angleterre ; on va voir qu'elle sut remplir cette double mission.

La flotte française paraît, le 18 juillet 1545, devant l'île de Whight, où était mouillée la flotte anglaise : l'amiral d'Annebaut avait divisé ses vaisseaux en trois escadres et s'était placé dans l'escadre du centre ; il avait, en outre, formé avec les galères une escadre légère que commandait *Paulin*, baron de La Garde.

La flotte anglaise s'obstinant à rester à l'encre, d'Annebaut charge Paulin d'aller, avec les galères, harceler les vaisseaux anglais au mouillage, les canonner en prenant une position avantageuse, bref, les obliger à venir combattre la flotte française au large; les galères françaises, faisant force de rames, exécutent parfaitement cet ordre ; c'était le matin, et il faisait calme, de sorte qu'elles canonnèrent à loisir les vaisseaux anglais qui ne pouvaient remuer et riposter avec avantage; l'un d'eux, le *Mary-Rose* fut coulé à fond, et de 500 hommes qui le montaient, il ne s'en sauva que 35; le *Henri-Grâce-à-Dieu* fut sur le point de couler également, tant il avait été maltraité; mais la brise se lève de terre, la flotte anglaise appareille alors et appuie une chasse aux galères du baron de La Garde, qui se replie vers le gros des forces françaises ; *d'Annebaut* s'attend à un engagement général ; mais, après une canonnade insignifiante, les Anglais qui étaient au vent, c'est-à-dire les seuls à portée d'approcher la flotte française, manœuvrent, au contraire, pour s'en éloigner et reprendre leur mouillage à l'abri de leurs ports et de leurs bancs ; ce que voyant, l'amiral français opère une descente sur la côte de l'île de Whight et y porte le ravage et l'incendie.

Bien que cette affaire ait été plutôt une rencontre qu'une bataille, nous y voyons prédominer des idées d'une tactique régulière ; ainsi d'Annebaut divise sa flotte en trois escadres, plus une escadre légère, et se place dans celle du centre; c'est encore la division d'armée navale telle qu'elle est prescrite par la tactique officielle d'aujourd'hui ; il fait harceler la flotte ennemie à l'ancre par ses galères, afin de la canonner avantageusement et de l'obliger à prendre le large; enfin, il fai venir sa flotte en travers au vent pour combattre, et la flotte anglaise, après l'avoir rejoint, en fait autant, bien qu'elle ne tente la canonnade que de fort loin : or, sans que les historiens nous l'aient fait connaître, il est probable que les vaisseaux de d'Annebaut obligés de présenter le *travers* ou le *côté* à l'ennemi, parceque c'était ce *côté* qui était armé de canons et non l'*avant*, comme à bord des galères, il est probable, disons-nous, que ces vaisseaux durent naturellement, et, par la force des choses, se ranger dans les eaux les uns les autres, et former alors une ligne de bataille hérissée de canons dans toute sa longueur ; ligne de bataille que nous allons voir, pendant le siècle suivant, se régulariser et se resserrer, devenir enfin la base fondamentale de la tactique de nos flottes. C'est, qu'en effet, cette file de vaisseaux rangés les uns derrière les autres, constitue le développement le plus avantageux possible des lignes de canons de ces vaisseaux, en tant qu'elle n'a à combattre qu'une autre longue file de vaisseaux développée comme elle ; en tant que l'ennemi ne songe pas à la couper pour en mettre une partie entre deux feux. Or, deux siècles s'écouleront encore avant que cette dernière manœuvre, aussi délicate qu'audacieuse, s'exécute avec succès et fasse perdre à la ligne de bataille d'une flotte ainsi rangée la plus grande partie de son prestige ; et cependant la manœuvre de couper une ligne pour l'envelopper en partie, n'est que l'application du principe fondamental de guerre que nous avons exposé, savoir : « Qu'un bon général de terre ou « de mer doit tendre à opérer, avec des forces supérieurs, un « effort combiné sur un point décisif. » Et, il faudra deux siècles pour qu'on ose la tenter ! Tant il est vrai que les choses les plus simples en apparence ne pénètrent que bien difficilement dans la pratique des faits.

Mais si, à cette époque, les vaisseaux à voiles prédominent définitivement dans les flottes de l'Océan, il n'en est pas de même dans la Méditerranée, mer plus calme, plus resserrée, où le voisinage des côtes et des ports de relâche conservait aux bâtiments à rame des avantages qu'ils perdaient une fois abandonnés aux solitudes orageuses des longues lames de l'Océan. Aussi, voyons-nous qu'à la bataille de Lépante, qui eut lieu 26 ans après la rencontre de d'Annebaut, les galères constituent la presque totalité des flottes chrétiennes et turques au moment où elles en viennent aux mains. Jetons un coup d'œil sur ce combat naval, qui eut pour résultat d'abattre la prépondérance de la marine mahométane dans les mers du Levant.

Ici, ce sont des galères qui vont combattre, et nous avons vu précédemment que, par suite des bancs de rameurs et des rameurs eux-mêmes, qui occupaient les deux côtés de ces galères, on s'était vu obligé de ne leur mettre de bouches à feu que sur le château d'avant, ou la proue ; au lieu de présenter le côté à l'ennemi, comme devaient le faire dès cette époque les vaisseaux à voiles, c'est donc par l'avant qu'elles arriveront sur lui afin de le canonner à l'aide des pièces placées sur cet avant ; et comme, d'ailleurs,

l'ordre de bataille *en croissant,* ou concave sur le centre, était encore généralement adopté, les deux flottes se trouvent en présence,
rangées à peu près dans l'ordre que voici :

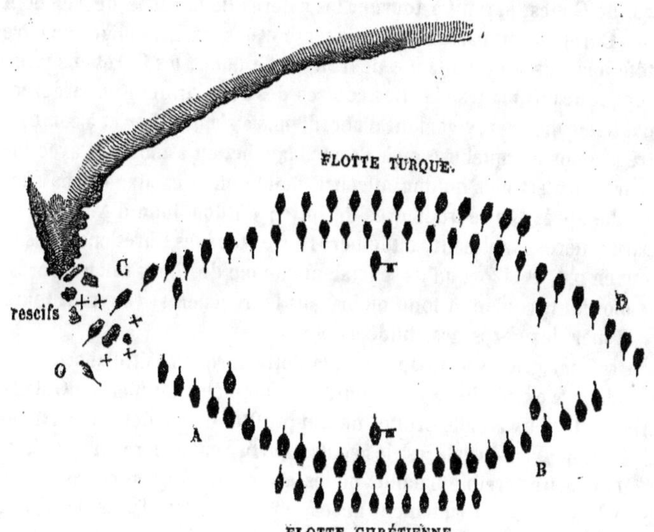

La flotte turque, sous les ordres du capitan-pacha Mouezzinzade-
Aly, se composait de 240 galères ; la flotte chrétienne comptait une
soixantaine de galères de moins, mais elle était parfaitement composée : c'étaient 120 galères et *galéasses* sorties de l'arsenal de Ve-
nise, cette reine de l'Adriatique ; c'étaient les galères des chevaliers
de Malte, parmi lesquels les Français figuraient en grand nombre ;
c'étaient 70 galères d'Espagne, de Sicile et de Naples ; don Juan
d'Autriche, fils naturel de Charles-Quint, avait été nommé géné-
ralissime de toutes les forces chrétiennes : les deux amiraux en
chef se tenaient au centre de leur armée, laquelle était, de chaque
côté, divisée en trois escadres principales, outre une escadre de
réserve. Par suite de cette double disposition des flottes en demi-
lune, le combat commença par les ailes des deux armées, ou,
comme les appellent les historiens, par les *cornes,* qui en vinrent
les premières aux prises. Comme, d'ailleurs, la flotte des Turcs
était plus étendue que celle des chrétiens, les deux cornes D et C

de la première eurent d'abord l'avantage contre les cornes B et A de la seconde, qu'elles cherchèrent à envelopper. A la gauche de la flotte chrétienne, cet avantage fut d'autant plus marqué qu'*Ouled-Aly*, amiral de la droite des Turcs, guidé par un pilote renégat de Gênes, parvint à tourner les galères de la corne de gauche A des Chrétiens en passant entre la terre et les rescifs; obligés de faire tête à la fois à une attaque de front et de flanc, les Chrétiens y furent donc fort maltraités. Les centres des deux armées ne tardèrent pas à se canonner, vivement d'abord, puis à s'approcher et à combattre à coups d'arquebuse ou à l'arme blanche, en s'abordant avec fureur. Ce n'est plus qu'une affreuse mêlée où le capitan-pacha succombe après plusieurs heures de lutte ; où don Juan d'Autriche se bat en héros, «animant, dit le père Hoste, tous les Chrétiens par son « exemple, et si fort qu'ils se jetaient comme des lions sur les Turcs, « abordant, coulant à fond ou brûlant leurs galères, couvrant toute « la mer des corps des Infidèels. »

Bref, malgré les avantages que la flotte turque avait d'abord remportés aux extrémités, la déroute fut complète, si bien qu'Ouled-Aly, victorieux à l'aile droite, ne put profiter de sa victoire partielle et s'enfuit avec 40 galères, les seules qui fussent encore en bon état.

Dans cette terrible bataille, où les armes à feu, comme les armes blanches, furent si rudement mises _en usage, les Turcs perdirent 200 galères, dont moitié furent coulées ou incendiées; les autres furent partagées entre les alliés, ainsi que les bouches à feu qui les armaient ; on avait délivré 15,000 esclaves chrétiens qui ramaient sur ces galères, fait 4,000 prisonniers ; le reste des équipages turcs, au nombre de près de 30,000, avaient péri dans les flots ou en combattant.

Telle fut la bataille de Lépante, une des plus terribles batailles qui aient ensanglanté les flots ; elle abattit l'orgueil du croissant, et assura la libre navigation des flottes chrétiennes dans la Méditerranée. Bien que ce fut un combat de galères sur lesquelles le nombre des bouches à feu était nécessairement restreint, puisqu'on ne pouvait en placer que sur leurs extrémités, comme nous l'avons déjà expliqué, le canon y joua un grand rôle, à en juger par le grand nombre de galères turques qui furent coulées bas.

Héritier des admirables inventions et perfectionnements du siècle précédent, le XVI° siècle a, comme on vient de le voir, perfectionné à son tour l'art de la guerre, et les moyens de combattre. Sur terre, c'est l'arquebuse, c'est le canon, ce sont les troupes permanentes et régulières qui ont modifié l'organisation des armées et les règles de la tactique. Sur mer, c'est aussi le canon, mais c'est surtout la boussole qui ont agrandi le rôle des flottes et donné l'essor à la marine des vaisseaux à voiles que nous allons voir détrôner complétement la marine des galères.

Toutefois, le perfectionnement des armes à feu n'est pas encore tel pendant ce siècle qu'il permette d'en appliquer l'usage à la majorité des soldats. Il en est résulté que l'*ordre mince*, si favorable au développement des lignes de feu, ne s'est pas , dans les batailles, substitué à l'ordre profond que l'infanterie, armée en grande partie de piques et de hallebardes, devait observer encore, afin de constituer des masses plus résistantes dans les grands chocs à l'arme blanche. Ainsi, nous avons sous les yeux l'*ordonnance des deux armées à la bataille de Dreux*, livrée le décembre 1562, et nous y voyons les armées divisées en un grand nombre de bataillons carrés et compacts, formés de picquiers et flanqués tout autour d'arquebusiers, lesquels s'en détachaient sans doute pour combattre ; c'étaient les chasseurs de Vincennes de l'époque. Encore un siècle, et nous verrons les armées, pourvues en presque totalité d'armes à feu, se développer pour en tirer le plus grand parti et gagner en étendue ce qu'elles auront perdu en profondeur.

Sur mer, la nécessité de ce développement sera mieux sentie encore, et fera régulariser la ligne de bataille des vaisseaux à la file les uns des autres, ligne dont le combat de d'Annebaut dut, à notre sens, fournir déjà une première application, quoique incomplète.

Il aura donc fallu deux siècles à la poudre à canon pour qu'elle arrive à régner en souveraine sur les champs de bataille : c'est que la chimie, la métallurgie, l'industrie mécanique, encore dans leur enfance, ne pouvaient perfectionner qu'assez lentement les instruments propres à son emploi. De nos jours, où elles ont fait tant de progrès, que de tentatives, les unes heureuses, les autres avortées, ne leur a-t-il pas fallu pour tirer parti d'un moteur nouveau, de la vapeur ! Le premier bateau à vapeur qu'ait fait naviguer *Fulton* date de 1807; le premier steam-boat qui ait été construit en Angleterre date de 1812, et ne naviguait que sur la *Clyde*, où il faisait 3 nœuds (une lieue) à l'heure; vingt ans s'écoulent de nouveau avant que des bâtiments à vapeur de 150 à 200 chevaux affrontent les mers, où ils atteignent huit à neuf nœuds; encore les lourdes armatures de leurs roues de côté les rendent-ils impropres à la grosse mer et au combat ; enfin, c'est d'hier seulement que nous possédons de

vrais bâtiments de guerre à vapeur, capables de défier à la fois et
les tempêtes et les boulets ennemis. Il a donc fallu un demi-siè-
cle à notre époque, si orgueilleuse de son industrie, pour tirer
un parti sérieux du nouveau moteur qui lui avait été révélé ; ce qui
prouve, soit dit en passant, que l'empereur Napoléon ne pouvait
attendre de résultats pratiques, et surtout immédiats, de l'offre que
lui avait faite l'ingénieur américain, lors de l'armement de la flot-
tille de Boulogne.

IV.

Batailles de terre du XVIIᵉ siècle.

Au début du XVIIᵉ siècle, que doit illustrer le règne de Louis XIV,
c'est le monarque de la Suède, Gustave-Adolphe, le grand capitaine de la guerre de Trente Ans, qui apporte le premier d'importantes modifications dans l'art de la guerre. Sans doute ces modifications sont de celles que l'emploi des armes à feu et leur perfectionnement devaient inevitablement amener ; mais c'est à l'homme
de génie qu'il appartient, en cas pareil, de devancer le vulgaire
dans l'application des moyens nouveaux. Puis, quelle force de volonté ne faut-il pas au chef suprême d'un Etat, d'une armée ou d'une
marine, pour prescrire l'abandon des vieilles règles, des routines
surannées, aux chefs en sous-ordre qui l'entourent et qui en furent nourris, à ces généraux ou capitaines qui entrevoient que leur
vieille expérience des combats ne va plus être que de l'inexpé-
rience ; ce fut l'histoire de Bayard, ce modèle des chevaliers, le
type militaire de ce siècle de transition, et qui répugnait à combattre avec des armes à feu, « ces armes des lâches, » disait-il ; c'est
l'histoire de bien des gens de notre époque, qui ont reculé, de tout
leur pouvoir, le moment où la vapeur, dont ils ignoraient les lois,
devait enfin figurer comme force motrice de nos vaisseaux de combat ; ce sera l'histoire de tous les temps, parce que c'est celle du
cœur humain !

Gustave-Adolphe arme les deux tiers de son infanterie de
mousquets à mèche et l'autre tiers de piques ; par suite , et

pour donner à ses lignes de feu le développement nécessaire, il di-
minue la profondeur de l'ancien ordre de bataille en plaçant son
infanterie sur six rangs, les piquiers soutenant les mousquetaires ;
mais, pour renforcer cette première ligne, il en place une seconde
à quelque distance derrière elle, laissant entre les bataillons de la
première l'espace nécessaire pour que les troupes de la seconde ligne puissent y passer et les soutenir au besoin. Déjà, dans le milieu du siècle dernier, nous avons vu que par bataillon il y avait à
peine un arquebusier pour deux piquiers ; c'est maintenant deux
mousquetaires contre un piquier qui s'y trouvent ; en outre, l'u-
sage du mousquet est rendu plus prompt, plus commode, parce que
l'allègement de l'arme permet d'abandonner les fourches destinées
à la soutenir pendant qu'on la tirait.

La cavalerie ne se perfectionne pas moins rapidement ; Gustave-
Adolphe la déploie sur quatre rangs de profondeur, et chaque cava-
lier a pour armes offensives une longue et forte épée à peu près
semblable à la latte de nos cuirassiers, deux pistolets et une carabine.

Il divise son artillerie en artillerie de siége et en artillerie de
campagne, et, tout en augmentant les proportions de cette dernière
dans le matériel de son armée, il la rend plus légère, plus facile à
mobiliser pendant le combat.

Mais Gustave-Adolphe ne fut pas seulement un grand organisateur ; doué du génie de la guerre à un très-haut degré, il déploya
encore ce génie comme manœuvrier sur le champ de bataille : nous
citerons, comme preuve, la victoire de *Leipsick*, qu'il remporta,
en 1631, avec l'aide des Saxons, sur les Impériaux, que commandait le comte de Tilly. Etendant sa double ligne de combattants devant l'armée allemande, il place les Saxons à son extrême aile gauche, et prend poste lui-même à la droite ; il avait disposé son artillerie en avant du centre de sa première ligne, sans toutefois lui
assigner ce poste comme définitif, son intention étant que, pendant
le combat, elle vînt, au besoin, s'intercaler entre les divers corps
d'infanterie pour les soutenir : nouvelle preuve de la mobilité dont
il avait su la doter.

Quant à l'armée des Impériaux, elle se déployait en bataille au
pied de plusieurs hauteurs, sur lesquelles le comte de Tilly avait
placé ses pièces d'artillerie, lesquelles, pour atteindre l'ennemi,
devaient alors faire passer leurs boulets par-dessus les têtes de leurs
nationaux, tir qui devait être assez imparfait.

Après une canonnade de deux heures, les Impériaux s'ébranlent, et le comte de Tilly, réunissant une partie de son centre à sa droite, attaque vigoureusement l'extrême gauche de l'armée de Gustave-Adolphe, laquelle, composée de Saxons, ne tarde pas à être mise en pleine déroute. Mais l'attaque est moins heureuse contre la gauche des Suédois, qui lui opposent une vive résistance. Gustave Horn, qui les commande, redouble d'efforts à l'arrivée d'un renfort que lui envoie Gustave-Adolphe. Pendant qu'on se battait ainsi à sa gauche, ce monarque, à la tête de son aile droite, renforcée par son centre, tourne la gauche de l'armée impériale, et, par suite de ce beau mouvement militaire, les prend en flanc, les culbute, et s'empare des hauteurs où était placée l'artillerie impériale ; puis, dirigeant contre le centre et l'aile gauche de Tilly les vingt-six pièces de canon de gros calibre qu'il vient d'y trouver, il les foudroie de leurs propres boulets. Le désordre se met dans les rangs des Impériaux ; il en profite pour lancer sur eux sa cavalerie, qui les prend à dos et achève leur déroute ; celle-ci fut complète.

La conception du magnifique mouvement qu'il fit exécuter à la droite de son armée dénote le génie militaire de Gustave-Adolphe ; mais l'exécution de ce mouvement ne prouve pas moins à quel degré il avait su mobiliser, et ses bataillons, et sa cavalerie, et son artillerie.

Vingt-sept ans plus tard, le grand Condé, alors duc d'Enghien, déjà brillant général à vingt-deux ans, nous fournit l'exemple d'une manœuvre du même genre qu'il exécute dans les champs de *Rocroy*. Il y combattait une armée espagnole. Réunissant le gros de ses forces à son aile droite, il culbute l'aile gauche ennemie et parvient à la tourner ; détachant alors une partie de sa cavalerie à la poursuite des fuyards, avec le reste il vient prendre à dos la droite de leur armée, devant laquelle notre gauche commençait à faiblir, et remporte une victoire non moins signalée que le roi de Suède.

Nous voici en plein règne de Louis XIV, si fécond en illustrations de tout genre ; les renommées militaires n'y manquent pas : c'est le grand Condé, qui vient de débuter si brillamment à Rocroy ; c'est l'admirable tacticien Turenne ; c'est Luxembourg ; c'est Vauban, dont nous analyserons tout à l'heure les remarquables travaux. Grâce au génie militaire de tous ces grands capitaines, grâce aux guerres incessantes dont ils furent les héros, l'armée française était sur un bon pied d'organisation ; formée d'éléments permanents, plus permanents même qu'aujourd'hui, elle avait acquis une grande force d'instruction et d'organisation. Notre cavalerie ne le cédait à

aucune de l'Europe, surtout la maison du roi, composée de l'élite
de sa noblesse. Chaque compagnie d'infanterie se composait de cinquante hommes, sous les ordres d'un capitaine, d'un lieutenant et
d'un enseigne. De ces cinquante soldats, trente-deux étaient armés
de mousquets à mèche, quatre de fusils avec baïonnette à manche
de bois, et douze de piques ; ces dernières ne constituaient donc
déjà plus que le quart de l'armement de la compagnie. Au commencement du siècle on en armait le tiers, et pendant le cours du
siècle précédent les deux tiers de chaque bataillon. Comme on le
voit, les piquiers s'en allaient de jour en jour avec la vieille tactique, jusqu'au moment, qui n'était pas éloigné, où la baïonnette
devenant d'un usage universel, la pique devait disparaître totale-
ment de nos armées.

Rangées désormais en bataille sur deux longues lignes peu pro-
fondes d'infanterie, avec une réserve derrière, la cavalerie sur les
ailes et l'artillerie devant le front de la première ligne, les armées
occupaient nécessairement une grande étendue de terrain.

Tel est l'ordre de bataille généralement en usage dans le XVIIe
siècle, et, notamment, employé par Turenne dans la bataille des
Dunes, qu'il livre aux Espagnols en 1658 ; en voici un aperçu figuré :

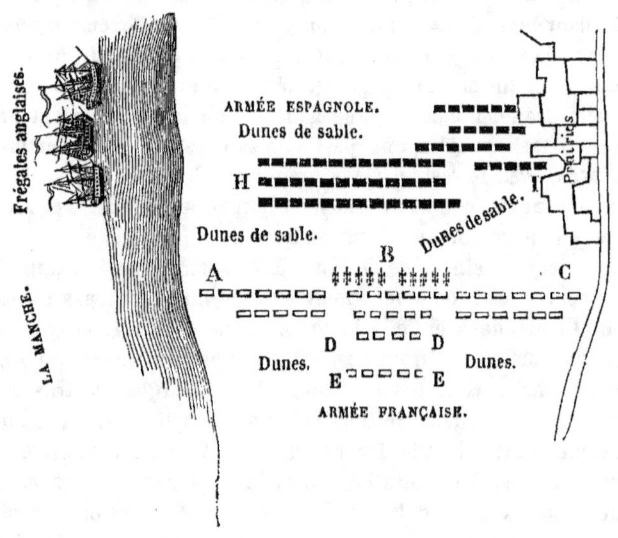

A B C, armée française.

A, aile gauche commandée par le marquis de Castelnau.

B, artillerie devant le centre, [que commandaient les marquis de Gadaigne et Bellefond.

C, aile droite que commandait le marquis de Créquy.

D, gendarmes commandés par le marquis de La Salle.

E, corps de réserve que commandait le marquis de Richelieu.

H I, armée d'Espagne.

Turenne assiégeait Dunkerque, alors à la couronne d'Espagne ; l'armée espagnole accourt de Flandre pour secourir cette place : Turenne n'hésite pas : il laisse-là ses travaux de siége avec quelques troupes pour les garder, et se porte à sa rencontre ; il sait que cette armée, vu la précipitation de la marche et les dunes de sable dont le pays est couvert, n'a pu se faire suivre de son artillerie, et il veut profiter de cette circonstance : les deux armées sont en présence, à une lieue et demie de Dunkerque environ, dans des plaines entrecoupées de dunes. Turenne a étendu, autant que possible, son armée, sans toutefois l'affaiblir afin de développer avantageusement ses lignes de feu ; sa première ligne ne compte pas moins d'une lieue d'étendue ; puis prenant l'offensive, il fait effectuer une marche de front à cet immense développement de troupes, marche qui s'exécuta, au dire des historiens, avec une régularité parfaite, mais fort lentement , puisque l'armée française ne mit pas moins de quatre heures à faire le quart de lieue qui la séparait de l'armée espagnole.

L'action s'engagea vivement sur toute la ligne ; des frégates anglaises , momentanément nos alliées , croisaient le long du littoral, ce qui avait obligé l'armée espagnole à laisser un assez grand espace entre la mer et l'extrémité de son aile droite afin que celle-ci ne fût pas incommodée par le feu de ces frégates ; la cavalerie de notre aile gauche profita de cet espace pour s'y précipiter et prendre ensuite en flanc l'aile droite espagnole où elle jeta beaucoup de désordre. Pendant ce temps, l'artillerie établie devant le corps de bataille portait le ravage sur le centre de l'armée ennemie, dépourvue de canons ; Turenne, se portant en force à la droite, acheva de nous donner l'avantage sur toute la ligne. L'armée espagnole ne tarda pas à battre en retraite et laissa ce grand capitaine assiéger, puis prendre Dunkerque tout à son aise ; comme il n'y avait pas eu d'ailleurs de grands mouvements militaires exécutés ainsi qu'à Rocroy et à Leipsick la victoire ne fut pas aussi complète ; toutefois, le général français atteignit son but qui était de s'emparer de la place de Dunkerque après avoir forcé l'armée espagnole à retourner sur ses pas.

Peut-être est-ce le moment de dire un mot des travaux de l'illustre Vauban, qui excella si bien dans l'attaque et dans la défense des places ; toutefois, avant de parler des services de ce grand homme de guerre, il est peut-être important de dire où était l'art des fortifications quand il vint y jeter les lumières de son génie, et, rétrospectivement, par quelles périodes de transition cet art avait passé depuis son origine.

Lorsque les peuples primitifs d'Europe réunirent en groupe leurs habitations et voulurent se mettre à l'abri des attaques de leurs voisins, ils durent, comme aujourd'hui les peuples de l'Afrique et de l'Amérique centrale, entourer ces enceintes de troncs et de branches d'arbres, mêlés de terre : puis, les métiers manuels faisant de rapides progrès, ils remplacèrent ces enceintes grossières par des murailles qui les garantissaient encore mieux des surprises, et percèrent ces murailles d'ouvertures ou *créneaux,* de distance en distance, pour y lancer leurs flèches, tout en restant abrités contre celles de leur ennemi.

Ce fut alors entre l'assiégeant et l'assiégé une lutte incessante d'inventions et de ruses pour déjouer les précautions qu'ils s'opposaient réciproquement : ainsi, l'assiégeant, voulant s'abriter à son tour contre les flèches de l'assiégé se couvrit de boucliers et de rondaches qui lui permettaient de gagner en sûreté le pied de la muraille et d'y monter avec des échelles.

En outre, pour détruire cette muraille l'assiégeant inventa des *béliers,* ou machines de bois fortifiées de fer qui, étant suspendues, puis, poussées à force de bras, battaient la muraille avec impétuosité, et y faisaient une large ouverture, ce qui permettait alors aux assiégeants de se précipiter par cette ouverture ou *brèche* dans la ville.

Les assiégés pour se préserver de l'effet destructeur de ces machines bâtirent le pied des murailles en talus, de sorte que le coup du bélier venant à glisser le long de cette pente perdait beaucoup de sa force et devenait parfois inutile.

Mais il arrivait souvent que les assiégeants, même sans le secours du bélier, parvenaient à briser les murailles à coups de pics, de marteaux, etc., ce que voyant les assiégés firent avancer en saillie le *parapet* ou le haut de leurs murailles, pratiquant en-dessous de ce parapet des ouvertures, ou *machicoulis,* par lesquelles ils jetaient des pierres, de la poix bouillante, des artifices, etc., etc., sur les assiégeants, ainsi empêchés d'approcher de l'enceinte.

L'assiégeant, obstiné à vaincre ce nouvel obstacle inventa des galeries mobiles, faites en bois, montées sur des roues et couvertes en dos d'âne ; et, grâce à cet abri, il put approcher à loisir des murailles pour les saper et démolir.

L'assiégé, non moins obstiné que l'assiégeant, eut alors l'idée d'environner les murailles d'un fossé plus ou moins profond dans tout le circuit de la place, ce qui le garantissait et de l'approche des machines, et de l'approche des combattants ; et, pour vaincre cette difficulté nouvelle, l'assiégeant s'attacha à combler ce fossé en même temps qu'il imagina des machines propres à lancer des pierres sur les défenses de la place. En outre, l'assié- geant remarqua que l'enceinte de la place étant circulaire il y avait des points par où il pouvait approcher des murailles sans recevoir grand mal des assiégés, et y travailler presque sans danger ; il en profita ; et alors, l'assiégé imagina de donner à son enceinte le tracé d'une ligne brisée, composée d'angles sail- lants et rentrants, ce qu'on a appelé des *redans*, et ce qu'on ap- pelle, en langage vulgaire, des *zigzags*.

Le fossé qui entourait l'enceinte était ainsi mieux flanqué ou défendu qu'auparavant ; mais l'assiégeant n'en remarqua pas moins qu'il y avait au pied de chaque angle rentrant un espace que les flèches des assiégés ne pouvaient guère défendre, à cause de la hauteur perpendiculaire des murailles au-dessus de cet espace : il en profita encore pour gagner cet espace le plus promptement pos- sible, et de là conduire son attaque.

L'assiégé imagina alors l'usage des tours, et, à l'extrémité de cha- que angle saillant, il en éleva une qui découvrait et défendait l'an- gle rentrant.

Comme le tir et le parcours des flèches avaient lieu en ligne droite et que, par suite de leur forme circulaire, les tours ne pou- vaient être vues ni flanquées dans tout leur pourtour, l'assiégé en vint aussi à faire des tours carrées. La distance d'une tour à l'autre était de la portée d'une flèche, et, autant que possible, on en éleva dans toute l'étendue de l'enceinte, qui se trouva ainsi complète- ment défendue.

Les assiégeants, voyant que ces tours leur disputaient l'approche des murailles, eurent alors l'idée d'élever des tours encore plus hautes sur le bord extérieur du fossé, lequel bord prend le nom de *contrescarpe*. De ces tours élevées, ils découvraient les assiégés sur leurs propres murailles, et, les en chassant à coups de flèches, de pierres, ils lançaient en avant une partie des leurs pour gagner le pied des remparts et les escalader.

Tels étaient les divers moyens d'attaque et de défense que l'art de la guerre avait mis en usage lorsque la poudre et les canons furent inventés.

Pour résister aux boulets, l'assiégé commença d'abord à donner plus de solidité à ses murailles, au rempart et à ses tours ; puis, ayant remarqué que même les tours carrées avaient quelque endroit qui, n'étant point vu du corps de la place, n'en pouvait recevoir d'appui ; que, par suite, les mineurs assiégeants étaient libres d'y conduire leur travail sans craindre le feu de ladite place, les assiégés changèrent la configuration de ces tours et les firent terminer, en longue pointe, vers la campagne : ce qui mettait alors l'assiégeant partout à découvert ; puis l'assiégé diminua la hauteur de ces tours, laissa à découvert leur terre-plein supérieur et le garnit de canons battant la campagne. En cet état, elles prirent et portent encore le nom de *bastions* (de *bastillons*, petites *bastilles*). L'assiégeant, appropriant également les moyens d'attaque aux moyens nouveaux de défense, se mit alors à ouvrir des tranchées, c'est-à-dire à creuser la terre en *zigzags*, pour parvenir avec autant de sécurité que possible, par ces espèces de chemins creux, jusqu'au fossé de la place. Les travailleurs arrivés jusque-là établirent des batteries de canon, protégées par des ouvrages en terre, pour battre les bastions vis-à-vis lesquels ces batteries avaient été élevées. Le feu des assiégeants ne tardait pas à ébranler les murailles desdits bastions et à y faire brèche. C'est par cette brèche, rendue praticable, que les colonnes des assiégeants montaient à l'assaut des murailles et pénétraient de vive force dans la place.

Telle était la révolution que l'emploi des armes à feu avait introduite dans l'attaque et la défense des places, lorsque Vauban parut pour développer et appliquer les méthodes les plus simples et les plus rationnelles qui devaient découler de cette révolution. Il nous faudrait entrer dans des détails trop techniques pour exposer ces méthodes, que l'illustre ingénieur a d'ailleurs développées lui-même dans son *Traité sur l'attaque et la défense des places*.

Vauban assista, sous Louis XIV, à la prise de quarante-huit places fortes, dont il dirigea presque toujours les siéges. Il y fut blessé huit fois. Il fut chargé par le roi de fortifier la majeure partie des places du royaume ; et, aussi habile à manier la plume que l'épée, mit en ordre un ouvrage très-complexe et très-étendu, intitulé *Mes Oisivetés*. Cette publication, remplie de projets de travaux et de réformes, révèle à un haut degré l'amour du bien public et un esprit supérieur.

V.

Batailles de mer du XVII° siècle.

Pendant que les armées s'organisaient, comme on l'a vu, et subissaient les modifications de tactique qui devaient résulter de l'emploi plus généralisé des armes à feu, les flottes de vaisseaux à voiles se perfectionnaient également, et comme instruments de navigation, et comme instruments de combat. La mâture, la voilure, le gréement de ces vaisseaux se consolidaient, tout en prenant des proportions plus en harmonie avec les masses de bois et de fer qu'ils étaient appelés à faire mouvoir en pleine mer. Les *huniers*, ou voiles placées au-dessus des *basses voiles*, désormais mieux établis, mieux consolidés, devenaient susceptibles de mieux résister à un grand vent, et le rôle de voiles de beau temps passait aux *perroquets*, troisième rang de voiles qu'on avait établi au-dessus des huniers. Les constructions avaient pris des proportions plus grandioses. Ainsi, ce n'était plus des vaisseaux à une ou deux rangées de canons qu'on faisait sortir des chantiers de nos ports ; mais des vaisseaux à trois ponts, tels que *le Souverain des Mers, la Couronne*, armés d'une triple rangée de canons. Au feu destructeur de ces forteresses flottantes, on avait joint celui des brulôts, ou vieux bâtiments remplis d'éléments incendiaires, lesquels, une fois embrasés, étaient dirigés sur les navires ennemis, pour les envelopper dans leurs flammes et leur explosion.

Quant aux *galères*, leur règne passe de jour en jour, même dans la Méditerranée, comme bâtiments de combat, et si elles remplissent encore un rôle accessoire dans les principales batailles navales du XVIIe siècle que nous allons examiner, on ne les verra plus guère figurer dans celles du XVIIIe. Elles auront donc disparu un siècle avant que la vapeur vienne se promener sur les mers et remplacer leur moteur animé par le moteur mécanique qui s'empare aujourd'hui de nos vaisseaux de guerre.

En France, c'est Richelieu d'abord et Louis XIV ensuite, qui se succèdent pendant la moitié du XVIIe siècle, et impriment un rapide essor aux progrès et tendances de l'art naval. Les autres puissances continentales ne restent pas en arrière ; et c'est à qui, de la France, de l'Angleterre, de la Hollande et de l'Espagne bataillera le plus et le mieux, pour rester maître de la mer. Si l'on en croit les historiens anglais, ce fut dans une de ces batailles navales que la ligne de bataille de vaisseaux rangés en travers au vent et serrés à la file des uns des autres fut, pour la première fois, régulièrement prescrite et observée. Ils en attribuent l'honneur au duc d'Yorck, qui, à la bataille de *Lestoff*, développant sur une seule ligne, régulièrement serrée, sa flotte de 114 bâtiments de guerre anglais, battit la flotte hollandaise du baron d'Opdam, composée de 103 voiles. Ceci se passait vers le milieu du XVIIe siècle ; mais nous avons vu que cet ordre de bataille nous semblait avoir dû être appliqué dans le siècle précédent par l'amiral d'Annebaut, lors de son combat contre la flotte anglaise, à l'île de Wight. Si l'amiral français n'appliqua pas cet ordre de bataille avec la même régularité, il n'en eut pas moins, le premier, la pensée d'opposer à l'ennemi le plus grand nombre possible de bouches à feu, c'est-à-dire le côté armé de canons de chacun de ses vaisseaux rangés à la file, les uns derrière les autres. Quel qu'en soit l'auteur, il n'est pas moins vrai que cet ordre de bataille va prédominer désormais dans les combats de flottes que nous allons étudier. Il faudra qu'un siècle et demi s'écoule avant que le hasard, secondant Rodney contre de Grasse, le 12 avril 1782, et le génie des batailles poussant Nelson à Trafalgar, comme il inspirait Napoléon à Austerlitz, la ligne de bataille des vaisseaux à la file les uns des autres perde de son prestige et devienne plutôt un ordre préparatoire qu'un ordre définitif de combat de mer.

Parmi les batailles navales du xviie siècle, où cet ordre reçoit son application nous citerons celle qui fut livrée, en 1676, par la flotte française à la flotte hispano-hollandaise, non loin d'*Agosta*, sur les côtes de Sicile ; bataille célèbre où deux des plus grands amiraux du siècle, Ruyter d'un côté, Duquesne de l'autre, combattaient l'un contre l'autre ; où Ruyter, accablé d'ans, vit sa vieille gloire éclipsée par la renommée de l'amiral français, et trouva une mort glorieuse sur son banc de quart. L'armée hispano-hollandaise se composait de 32 vaisseaux, 6 brûlots et 9 galères ; la flotte française de 28 vaisseaux et 9 brûlots : chacune d'elle était divisée en trois escadres, dans les eaux les unes des autres : l'avant-garde, le corps de bataille et l'arrière-garde.

Au moment où elles se rencontrent en mer, la flotte hispano-hollandaise est au vent de la flotte française, sur laquelle elle se dirige, poussée par une légère brise de S.-E.

Guidée par Ruyter en personne, l'avant-garde de la flotte combinée vient hardiment s'établir à portée de pistolet par le travers de l'avant-garde des Français, laquelle, sous le commandement du marquis d'Almeiras, l'attend en *panne* et la reçoit chaudement.

Le corps de bataille de l'armée combinée, composé de vaisseaux espagnols, manœuvre moins hardiment et vient s'établir à plus grande distance du corps de bataille de la flotte française, où se tenait Duquesne ; l'amiral Français regrette fort de s'entre-canonner de si loin ; mais n'y peut rien, puisque l'ennemi est au vent, conséquemment maître de la distance où il veut engager le combat.

Enfin, l'arrière-garde, composée de Hollandais et d'Espagnols, dédaignant la timide manœuvre du corps de bataille espagnol, vient à l'imitation de *Ruyter*, s'établir à portée de pistolet de l'arrière-garde française, que commande le contre-amiral *de Gabaret*.

Le feu est engagé vigoureusement sur toute la ligne, excepté au centre, où, cependant, *Duquesne* parvient à serrer de plus près les vaisseaux ennemis ; bref, soit supériorité d'élan, d'habileté dans les canonniers, le feu est plus vif, mieux dirigé du côté des Français, si bien que 5 vaisseaux hollandais démâtés ont recours à l'assistance de 5 galères espagnoles pour se retirer du combat. Ruyter est emporté par un boulet ; le désordre se met dans la flotte combinée. Elle s'enfuit vers Syracuse. Duquesne ne tarda pas à y paraître à son tour pour constater sa victoire. Toutefois, cette victoire ne fut pas très-désastreuse pour la flotte ennemie. Les grands revers ne peuvent guère résulter que de grands mouvements de guerre tentés pendant le combat ; or, l'ordre de bataille de deux lignes parallèles de vaisseaux se canonnant à qui mieux mieux, excluait ces grands mouvements d'escadre, et, par suite, les luttes vraiment désastreuses. Nous en avons une autre preuve dans le combat de *Bantry-Bay*, que le comte de *Château-Renault*, avec 24 vaisseaux français, livre, à 22 vaisseaux anglais, sous les ordres de l'amiral *Herbert* ; l'amiral anglais avait ordre de s'opposer au débarquement de 5,000 hommes de troupe que la flotte française transportait en *Irlande* ; à la vue des Anglais, Château-Renault, qui avait déjà mis la plus grande partie des soldats à terre, dans la baie de *Bantry*, met sous voile pour combattre la flotte ennemie.

La supériorité des forces était plutôt du côté des Anglais, car si nous avions deux vaisseaux de plus qu'eux, en revanche, leur flotte comptait 5 vaisseaux à trois ponts, portant 80 canons, tandis que le plus fort vaisseau français était de 60 canons, et les autres de 50, en moyenne.

La flotte française se dirige sur l'ennemi, se forme en ligne de bataille à petite portée de canon, et l'action devient générale. Les deux flottes se tirent ainsi force coups de canon pendant plusieurs heures ; la flotte anglaise, plus maltraitée que la flotte française, est la première à cesser le combat, prend le large et laisse Château-Renault libre d'achever tranquillement le débarquement des troupes dans la baie de *Bantry*, où il va de nouveau jeter l'ancre.

Sans doute que ce fut encore là une victoire, mais une victoire amenant un résultat décisif, sans toutefois amener de grands désastres dans l'armée ennemie ; ce fut une victoire comme celle de Turenne aux Dunes, comme les fastes militaires et maritimes du xviiᵉ siècle en offrent maints exemples, soit que l'on fût, sur terre, devenu plus avare du sang des soldats, soit que l'on voulût sur mer épargner un matériel coûteux et long à remplacer.

Toutefois, si la guerre doit avoir plutôt pour objet d'atteindre un but politique que de détruire beaucoup d'ennemis, il faut reconnaître que Turenne, aux *Dunes*, comme Château-Renault à *Bantry-Bay*, atteignirent parfaitement leur but : le premier, après avoir forcé l'armée espagnole à la retraite, continua le siège de Dunkerque et s'en empara ; le second, après avoir obligé la flotte anglaise à s'enfuir, acheva le débarquement des troupes, que la politique de Louis XIV avait intérêt à jeter sur les côtes d'Irlande. Il justifia ainsi la faveur du monarque qui l'avait promu de si bonne heure au grade d'officier général de sa marine (1). Mais le combat de *Bantry-Bay* n'est que le prélude d'une victoire plus signalée que le comte *de Tourville* livre un an après dans la Manche, près des côtes d'Angleterre, et notamment du cap *Bévéziers*, aux flottes combinées d'Angleterre et de Hollande. En voici un aperçu figuré.

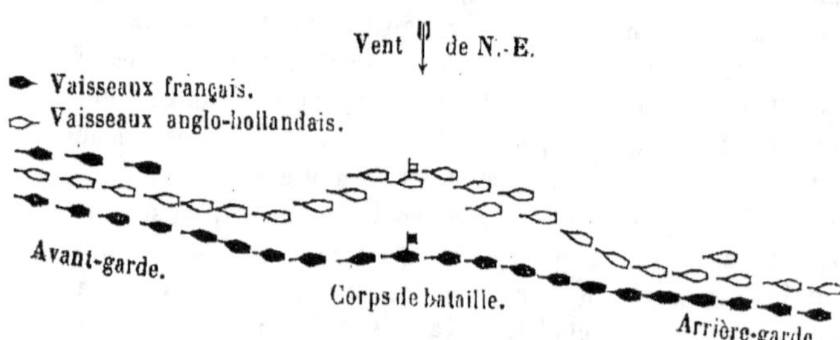

A 7 heures du matin, les alliés, poussés par une jolie brise de N.-E., se dirigent vent arrière sur la flotte française qui serre le vent et les attend en ligne de bataille ; le ciel est d'un bleu d'azur comme la mer. L'avant-garde ennemie, composée de Hollandais, vient hardiment se placer à portée de pistolet de l'avant-garde française, commandée par Château-Renault, et engage avec elle un feu terrible, auquel répondent non moins vivement les capitaines de vaisseau de Relingue, de la Harteloire, de la Galissonnière, de Pointis, etc. « Ayant remarqué, dit Château-Renault dans son

(1) Château-Renault avait été nommé officier général à 36 ans. Pendant le XVIIe siècle on recherchait une grande vigueur d'âge chez les commandants de nos escadres et de nos flottes. Ainsi, Duquesne avait été nommé officier général à 42 ans ; Tourville, à 39 ans ; Duguay-Trouin, à 38 ans ; Jean-Bart, à 47 ans ; et Château-Renault, comme on vient de le voir, à 36 ; Ruyter et Tromp, deux grandes illustrations maritimes de ce siècle, avaient été promus à ce grade, l'un à 41 ans, l'autre à 45 ans. Dans le XVIIIe siècle, le même principe prévalut : l'amiral anglais Rodney, qui battit de Grasse, le 12 avril aux Antilles, avait été nommé amiral à 41 ans ; Suffren avait 53 à 54 ans lorsqu'il livrait ses beaux combats de l'Inde ; enfin, Nelson, à la fin de ce même XVIIIe siècle, avait été promu au grade d'officier général à 39 ans ; dans le XIXe siècle, l'amiral Duperré avait 36 ans lorsque l'empereur le nomma contre-amiral. Sur mer comme sur terre, la vigueur d'âme et de corps dans la sénilité n'est le partage que de natures très-exceptionnelles.

« rapport, que les Hollandais n'avaient pas assez prolongé leur
« ligne pour combattre les vaisseaux de tête, je signalai à M. de
« Villette de s'élever au vent avec une division de mon avant-
« garde, pour mettre l'ennemi entre deux feux. »

Ce mouvement de guerre, que la faiblesse de la brise ne permit
d'effectuer qu'à la fin de l'action, n'en contribua pas moins à mal-
traiter fort l'avant-garde ennemie et fait grand honneur au vainqueur de *Bantry-Bay*.

Quant au corps de bataille de l'armée française commandé par
Tourville en personne, il se plaignait de canonner de trop loin le
corps de bataille britannique, que l'amiral Herbert, comte de Tor-
rington, n'avait pas conduit fort près du feu de l'ennemi ; cependant les deux corps de bataille finissent par se rapprocher peu
à peu, et le *Soleil-Royal*, que montait Tourville, soutient une lutte
terrible contre plusieurs vaisseaux anglais qui se disputent l'honneur de le combattre, lutte à laquelle prennent une brillante part
les deux vaisseaux matelots d'avant et d'arrière de l'amiral que
commandaient MM. les marquis de Coëtlogond et de Laporte ; bref,
l'avantage se déclare de notre côté, dans toute l'étendue du corps
de bataille.

A l'arrière-garde le résultat est le même ; l'arrière-garde ennemie, composée d'Anglais et de Hollandais, et conduite par l'intrépide Venderkalm, était venue, comme l'avant-garde, se placer
hardiment à portée de pistolet de l'arrière-garde française. Reçue
par un feu aussi opiniâtre que bien dirigé, cette arrière-garde ne
tarde pas à compter 8 ou 9 vaisseaux mis hors de combat par
notre arrière-garde, où se distinguent MM. d'Estrées, de Gabaret,
Pannetier, de Rosmadeck et Du Magnon , etc. Ce dernier, hélant
à la voix un vaisseau anglais, lui propose un combat à l'abordage,
qui n'est pas accepté (1).

La brise cesse complétement, et les deux flottes jettent l'ancre
pour ne pas être le jouet des courants. Un vaisseau ennemi était

---

(1) Duguay-Trouin et Jean-Bart avaient mis les combats à l'abordage fort à
la mode ; l'impétuosité française y trouvait son compte et les couronnait de
succès. Duguay-Trouin a laissé des *Mémoires* où ses 10 à 12 combats à l'abordage, racontés avec une héroïque simplicité, dénotent autant d'habileté et d'au-
dace chez cet homme de mer, que d'intrépidité et d'adresse dans les équipages
d'élite qui le secondaient. L'expédition de Rio-Janeiro vint compléter sa répu-
tation et prouver qu'il n'était pas seulement un hardi capitaine mais un général
consommé.

pris, plusieurs avaient sauté et une trentaine était démâtés. Peu
d'heures après le vent s'élève ; les deux flottes en profitent et met-
tent de nouveau sous voile : les vaisseaux anglais pour fuir dans
toutes les directions, les nôtres pour les chasser et les capturer.
Si Tourville avait eu ses galères, nul doute que le désastre eût été
plus considérable ; mais l'absence des bâtiments à rames permit
aux vaisseaux ennemis de profiter des folles brises pour se réfu-
gier dans les ports voisins.

Quelques jours après, Tourville, rallié par ses galères, se porte
sur la rade de Torbay, et, pendant qu'il y donne l'alarme pour y
opérer une diversion, le comte d'Estrées, à la tête desdites galères, se porte sur *Teignmouth ;* il en canonne les batteries et
opère dans la baie un débarquement de troupes qui enlèvent la
ville de vive force, enclouent une batterie et brûlent 12 navires
anglais dont 4 vaisseaux de ligne,

La victoire de *Bévéziers* émut l'Europe et consterna l'Angleterre ; l'amiral anglais Herbert, que les Hollandais eux-mêmes ac
cusaient d'avoir combattu mollement, fut enfermé dans la tour de
Londres et traduit devant une cour martiale. Le commerce anglais
désarmait de toute part ; on s'attendait à voir les flottes victo-
rieuses de la France ravager les côtes et ses armées envahir le
territoire. Cette terreur, partagée par la Hollande, provoqua une
coalition nouvelle de toutes les forces maritimes contre la France

Comme on le voit, la victoire de Tourville, si elle n'aboutit pas
à de grands désastres, exerça un effet moral immense : il était
donc vrai que la France n'avait qu'à vouloir et à persévérer dans
sa volonté pour vaincre sur mer comme sur terre ; et vaincre qui ?
les flottes anglaises et hollandaises coalisées. Et cependant la tactique adoptée dans cette bataille portait le cachet de circonspection
des généraux de l'époque ; sauf le mouvement de guerre exécuté
par Château-Renault à l'avant-garde, c'était encore la lutte de deux
lignes de vaisseaux se canonnant à qui mieux mieux ; l'avantage
nous resta, et rien ne prouve mieux combien nos officiers étaient
braves et tenaces, nos canonniers habiles, et nos vaisseaux bien
armés pour l'époque.

Ces victoires sur terre et sur mer, cet élan donné à l'organisation des armées et des flottes, étaient les fruits de la persévérance
de Richelieu d'abord, de Louis XIV et de ses habiles ministres ensuite : faire de l'armée française la première de son temps, et la
rendre l'arbitre de l'Europe, c'était déjà beaucoup : Louis XIV vou-

lut plus encore; il voulut aussi que la marine de la France régnât en souveraine sur les mers, et il y réussit, momentanément du moins. Nous verrons, en examinant les fastes du xviiie siècle, que son successeur eut de trop débiles mains pour porter cette double épée : et, comme il devait arriver, ce fut l'armée de mer, moins nécessaire que sa sœur à la défense du territoire, qui fut négligée et tomba en décadence. Après le règne de Louis XV nous verrons notre établissement naval se reconstituer de nouveau, mais lentement, sous la main intelligente de l'infortuné Louis XVI, et balancer encore la fortune de la marine anglaise pendant la guerre de 1778 ; survient la faux révolutionnaire qui fait tomber les têtes des compagnons de Suffren, ces héros des mers de l'Inde ; le désordre, l'inhabileté règnent alors sur nos flottes dépourvues d'officiers et font la partie belle à l'Angleterre ; c'est à grand'peine que le génie de Napoléon parvient à relever notre marine de cet état, et il n'a pas terminé son œuvre qu'il est lui-même englouti dans un grand désastre ; c'est qu'une marine est semblable aux chênes antiques dont on construit ses vaisseaux. Il faut un siècle pour que ces arbres deviennent les rois de nos forêts ; la cognée du bûcheron les abat en une heure.

Comte BOUËT-WILLAUMEZ,
Capitaine de vaisseau.

FIN.

NOTA. Les cinq chapitres relatifs au xviiie et au xixe siècles paraîtront incessamment, réunis à ceux qui précèdent, à la librairie Dumaine, passage Dauphine, rue Dauphine. Des appendices relatifs à la flotte, à l'armée et aux fortifications compléteront cet ouvrage marin et militaire tout à la fois.

(Note de l'Editeur.)

TABLE.

FIN DE LA TABLE.

Paris. — Imprimerie de Cosse et J. Dumaine, rue Christine, 2.

www.ingramcontent.com/pod-product-compliance
Lightning Source LLC
LaVergne TN
LVHW021146200726
843510LV00001B/260